「大」に勝つ！

小さな飲食店 10の繁盛法則

タカギフードコンサルティング
高木雅致

同文舘出版

はじめに

本書は、「自分の店を繁盛店にしたい！」という人のために書きました。

原則論などで書かれた、一般的な飲食店向けのビジネス書にはしたくないと考えました。

そのため私は、この本を三つのベースで書き上げました。

そのひとつ目は、私が過去に出会った２０００社以上の経営者本人から学んだ、貴重な

経営者体験＝繁盛のコツ

という実証事例です。

繁盛飲食店の経営者はそれぞれ、不断の努力によって繁盛店を作り上げてきました。

しかし、あるひとつの取り組みがきっかけとなって売上不振から脱却し、繁盛の道を歩み始めた経営者も数多くいらっしゃいます。

そんな、シンプルかつしかも高い成果が上げられる繁盛のコツを本書にまとめました。

二つ目は、私自身の実証事例です。

私自身の、24年間を通した飲食業コンサルティングにおいて実証事例となる、

成功事例＝繁盛店になる具体策

をこの本にまとめました。

しかも、「小さな飲食店」でも簡単に取り組めるように、極力、費用のかからない対策でありながら、大きな成果が上がる方法をご紹介しています。

最後の三つ目は、３０００店は優に超える繁盛店を見続け、それを、私や私の仲間たち（骨太経営グループ）が開発した独自の分析手法によって、

独自の繁盛店分析＝成功原則のルール化

を科学的につかむことができました。それによって、コンサルティング経験による成功事例をどんな店にでも応用可能な成功原則のルール化に成功しました。それを、この本に書きました。

このような、実証事例をベースとした具体策を、10の繁盛法則としてまとめたのが本書です。

200社を超える飲食業の経営者の方々に入会していただいている「タカギレストランネット」の月刊レジュメ〝繁盛の原則〟の中で掲載された繁盛原則も一部、本書にまとめられています。

本書が、繁盛への一助になることを心より期待しております。

「小」だからこそ「大」に勝つ。そのためには、「強み」を作ってそれを活かす経営を実践する。そして、それによって企業を取り巻くすべての人が幸福になるために貢献する――という理念の下に集まった骨太経営グループ㈱シズル、㈱日本アシストプラン、㈱木下フードクリエイト、そして私の㈱タカギフードコンサルティングの4社の同志とともに「繁盛店づくり」に努力していきたいと考えています。

最後に、この本を出版するにあたって大変なご苦労をおかけした同文館出版の古市達彦氏と出版へのヒントと動機づけを与えていただいた有限会社経営コンサルティングアソシエーション代表の宮内亨様に心より感謝申し上げます。

2008年1月

高木　雅致

CONTENTS

骨太繁盛法則(6)　「捨てる経営」が競合に差をつける

骨太繁盛法則(7)　主力商品で儲けなさい！

骨太繁盛法則(8)　在庫は利益を生まない

本文DTP／虔
装丁／森裕昌

時代は、「小」だからこそ「大」に勝てる方向に進んでいる！

個人経営の小規模飲食店と、大企業が経営する大規模飲食店が勝負をすれば、いったいどちらが勝つか？

郊外型の大規模店に押されて、日本全国の地方都市ではシャッター通り商店街が当たり前になっている昨今、大企業経営の大規模飲食店が勝つと考える方が多いはずだ。大資本にものを言わせて、安くておいしいメニューを提供することで小規模飲食店を駆逐してしまうだろう、と。

しかし私は、やり方しだいでは小規模な個人経営店が勝つと考える。

それが当然のことだと思う。

小規模店は、「小」さいからこそお客様にきめ細やかな対応がとれる。

そのような店が勝つに決まっているのだ。

次ページに「大」と「小」の視点の違いを示したが、私は「強み」は「小」にこそあると考えている。

大企業が経営する大規模店で働く店長は、すべてとは言わないが、「サラリーマン発想」をする。近所に有力な競合店が出店するなどの危機的な状況を迎えても、上司が何らかの指示を出さない限り、自ら対応策を考えようとする人は少ない。ましてや、行動を起こそうとする人は非常に少ない。

営業会議で経営者から、「君の店の売上げは、この2～3ヶ月低調なようだがどうかしたのか？」と質問されても、「実は、3ヶ月前に競合店ができたため、その影響が出始めているようです」と答える店長が多いことだろう。サラリーマンは、そんなふうにのんびりと構えてしまうものだ。

	大の視点	小の視点
メニュー構成	バリエーションの幅	主力商品の個性的な品揃え
集容力	①店の新しさ ② ABC 分析	①差別点のわかりやすさ ②ターゲティング
サービス	①作業効率 ②役割分担 ③店長の指示力	①満面の笑み ②個別対応（感） ③自主力
生産性	フロアーコントロール	主力カテゴリーの売上力
差別点	①提供スピード ②均一性 ③シンプル調理	①温度 ②シズリング ③エージング（旬性）
チェーン化のテーマ	①均一性 ②画一性 ③標準化	①オンリーワン化 ② No.1 化 ③鮮度性
食材の切り口	①加工品 ②インスタント化	①素材性 ②スローフード的視点
店長	①指示・命令 ②管理	①動機づけ ②個人能力の育成

しかし、小規模店はまったく違う。私が飲食業界に携わるようになって30年近くが経つが、小規模でも、店長の方の多くは経営者発想をしているのだ。

彼らは必死の思いで働いているため、常に何かを改善しようと工夫を重ねている。どんなことをすれば、効率よく仕事ができるようになり、従業員が気持ちよく働けるようになるのか？　また、メニューを充実させることができ、料理をおいしくすることができるのか？　お客様を気持ちよくさせるサービスは？　などを常に考え続けている。そして、繁盛している店に出かけては参考になるものを見つけ、自分の店に合わせた形で採り入れようとしている。

ましてや、有力な競合店が近所に出店しようものなら、すぐにその店に行って、「売れ筋商品」や「看板商品」をチェックして、ときには写真に収めて、素材や味などの分析を行なうはずだ。

常に危機感を持って、必死の現場運営にあたっているから、いざ現実の危機に陥ったときにも即応できるのである。「小」には、「決断力」と「集中力」があると言える。

そして、「決断力」と「集中力」こそ、経営者発想の大切なポイントになる。

またこれからの時代、飲食店が生き延びていくためには、これらは不可欠な能力だと考える。

ここで、飲食店経営に必要な「決断力」と「集中力」に関する、私なりの考えを整理しておこう。

●決断力

飲食店は、時代の変化に対応しなければ生き延びていくことはできない。そのため、常に当事者意識を強く持って、「変わる」判断を自ら下していかなければならない。そのためには繁盛店から学び、「繁盛の原則」を見つけて実践していこうという、思い切りのいい「決断力」が必要なのだ。

●集中力

「変わる」判断をするだけでなく、それを実行していかなければ意味がない。それも、生半可なやり方ではダメだ。自分が信じる「繁盛の原則」を明確に従業員に示し、何かあったらすぐに変化できるという強い意志力を持って実行していかなければならない。それには、従業員だけでなく、お客様をも引き込むような、強力な「集中力」が必要になる。

ここで述べた「決断力」と「集中力」は私の理想的な形だが、小規模店には、「小」だからこそ経営者や店長の決断で、明日からでも変化できる身軽さがある。身軽に変化できるということは、輝かしい未来に向けての「大変化」の可能性が無限にあるとも言える。

また、大量生産大量消費の時代はとうに終わり、21世紀になって以来、さまざまなパラダイムシフトが起こっている。飲食業界でも、「時流」が大きく変わってきている。

「すかいらーく」は、ＭＢＯによる上場廃止を決断せざるを得なくなった。「マクドナルド」の低迷も続いている。飲食マーケットでも、お客様の成熟が進み、大きな組織ではそれに対応しにくくなっているのかもしれない。お客様の成熟化に即応するには、身軽に変化できる「小」のほうが有利だ。これからは、「大」から「小」へ主役交代が進むかもしれない。「小」の必死さが奏功して、その知恵と工夫がこれからの飲食マーケットを活性化させる方向に。

その可能性は非常に高いと思われるが、たとえ「小」であっても、肝腎の「決断力」と「集中力」を持たなければ戦に勝つことはできない。これから、「小」は何をやっていくべきなのか？　今、何をしなければならないのか？　そして、どのように考えていかなければならないのか？……。

本書では、それらのことを根本的に突き詰めて考えていきたい。

【骨太繁盛法則（1）】

好きなこと、得意なことで No.1になれ！

01 小さな飲食店は、NO・1ポイントを作ろう！

飲食店の競合、競争はひとつのマーケットを100店で取り合っているようなもので、非常に厳しいものがある。ともすると、いくら努力をしても売上げや利益は、毎年減少の一途をたどりかねない。そんな厳しいマーケットに別れを告げ、競争と競合のない「新しい」マーケットへ参入していくことを考えてはみてはどうか？

一人勝ちできる「新しいマーケット」、すなわち「独自のマーケット」への参入を目指すのである。

●「独自マーケット」で一人勝ちを！

私は年に2回、定期的にアメリカの繁盛飲食業の視察ツアーを実施している。そのツアーで学ぼうとしていることは、アメリカの飲食業の「マーケット戦略」だ。

アメリカの飲食業は、ものまねばかりで競合店と大きな差がない戦略はとっていない。「競合マーケット」には目もくれず、一人勝ちできる「独自マーケット」を作り上げる努力をしている。

「独自マーケット」を狙えば、当然競争や競合は少なくなり、売上げや利益は順調に増加していく。

逆に、ひとつのマーケットを100店で取り合う「競合マーケット」から脱することができない飲食店は淘汰されてしまうことになる。そのためか、アメリカの飲食店の数は、人口当たりで見ると日本よりも少ない。それに比べると、現在の日本のほうが商売の環境は厳しいとも言える。しかし、だからこそいち早く自分だけの「独自マーケット」を作り上げなければならないのだ。

●「独自マーケット」を作るための二つの原則

アメリカの現状を見ると、「独自マーケット」はシズル原則主義、時流適合主義という、二つの原則のいずれかで作られている。

では、「シズル原則主義」とは何か？　ハンバーグを熱し鉄板で焼いてソースをかけると、「ジュー」という味覚を刺激する音が立ちのぼる。このように、音などを効果的に演出して商品のおいしさを強調、特化させることが「シズルの原則」である。

音以外には、ひとつの皿に色とりどりの7～8種の食材を並べるなどで「色彩」、商品の厚みや盛りつけ、具だくさんなどで「ボリューム」、湯気が立っている味噌汁、炊きたての熱々のごはん、氷を敷き詰めた皿の上に盛りつけたデザートなどで「温度」を強調、特化することによって、シズル感を増すことができる。

二つ目の「時流適合主義」とは何か？　これは、流行に乗るという意味ではない。飲食業界に流れる本流をつかみ、将来的にお客様から要求され、より深化するものが本来の「時流」なのである。この「時流」を取り入れることも「独自マーケット」づくりの切り口となる。

マクロな視点で言うと「時流」とは、①できたて・旬性（主力商品を季節の旬食材を使用して品揃えを変化させたり、産地直送品やできたてで鮮度の高い商品にすること）、②本物感（ステーキを炭で焼いたり、かまどでご飯を炊くなど、「本当に」おいしい調理方法の選択や、天然だしをとった味噌汁など、「本来の」方法による調理などの提案）、③お客様扱い・個別対応（お客様の名前を呼んだり、満面の笑みでお出迎えをする。深々と頭を下げた感謝のお見送りなど、大切なお客様として一人ひとりに対応する）ことである。

●小さくてもＮｏ・１！　お客様を総取りできる

整理してみると、「シズル原則主義」とは、①音、②色彩、③ボリューム、④熱い・冷たいなどの温度を強調、特化することによって、お客様の味覚を刺激することである。そして、「時流適合主義」とは、①できたて感、②本物感、③お客様扱いに気を配って演出することで、お客様のニーズに応えるということである。

これら、２原則７視点のすべてを取り入れれば、より強い飲食店になれそうだが、実はそうでもない。すべてに力を注げば、力が分散してしまい、結果として「Ｎｏ・１」になれるものが見えなくなってしまうからだ。

より売上げを伸ばし、高い利益を確保する「独自マーケット」を作るためには、この７視点のいずれかにまず注力し、徹底していったほうがいい。

規模は小さくても、この７視点でＮｏ・１の内容ができれば「独自マーケット」を築くことができ、ターゲットとするお客様を総取りにできるのだ。すると、売上げは１２０％以上の伸びを示し、利益率は１５０％以上となることも決して夢ではない。

規模の大小は関係ない。２原則７視点の中で、自店に向いた、あるいはできることを徹底していけば、規模は小さくてもＮｏ・１になることができ、競合、競争の少ない「独自マーケット」が作れるのである。

「時流の視点」

炭火でステーキを焼き、本物感を演出する

「シズル原則の視点」

鉄板焼きハンバーグにソースをかけ、音と香りを演出する

02 常識として、「繁盛の原理・原則」を使おう！

株式会社ブロンコビリーは、愛知県を拠点に東海方面に展開するステーキレストランチェーンである。この飲食企業は50店を超える中堅どころだが、4年ほど前、BSE（狂牛病）問題のため、大きく業績を落としてしまったことがある。その結果、売上げは20％以上減少して赤字に転落してしまった。

しかし、この会社の竹市靖公社長は、売上げと利益悪化の要因を、BSE問題だけとは考えなかった。しっかりと自分たちの足元を見ながら、5年先、10年先の将来を見据えようとしたのだ。

●業績悪化は、「店や商品に魅力がない」と考える

まず竹市社長は、業績悪化の根本の理由は、自分たちの店はお客様にとって魅力がなく、商品にも魅力がないことにあると考えた。そして、①5年先にも正しいと考えられる「時流」に乗り、②お客様が求めていることに集中、実践するという2点を基本として、魅力のある店づくり、商品づくりを図ろうとした。

具体的には、そのために1年をかけて全店のリニューアルを実行した。1店舗当たり400～500万円の費用をかけて10日間のリニューアル休業。全体で50数店だから、その費用、休業による損失は相当なものだ。

しかも、BSE問題のさなか、赤字経営の中での決断、実行だった。その覚悟たるや、決死のものだっただろう。

●「原理・原則」を常識として使おう

このリニューアルに際して活用されたのが、「シズル原則主義」と「時流適合主義」の2原則7視点だった。そのために、具体的には次のような施策が行なわれた。

①炭火を使って、お客様の目の前での調理へ変更
②かまどによるごはんの炊き上げ
③産直や旬の野菜を使ったサラダバーの設置
④「ジュージュー」という焼きたての音がするハンバーグ、「非常に厚み」のあるステーキのシズル感など、繁盛のための原理原則を活用、実現していく

結果的には、現場の店長を中心に第一線で働く人たちがより活性化され、そのリニューアルに熱意をもって一体化して取り組んだ。そして20％を超える売上上昇、利

益も2桁を軽く超える高収益率を実現した。

経営者の決断、実行力がすべてなのだが、現場の一体化力もそれを支えた。さらに、「原理・原則」の大切さもあらためて思い知らされた。

●繁盛の4原則を活用せよ!

繁盛店にするためには、繁盛店が実践している「コツ」をつかみ、それを真似ればいい。その繁盛の原則とは、家を建てる際の「大黒柱」のようなものである。

繁盛店の大黒柱となる原則は次の四つだ。

①本能を刺激せよ

お客様の本能を刺激すれば、お客様はエキサイトし、満足度も相応に高まる。集客力強化の核となる「シズルの4原則」は前述(音の原則、色彩の原則、ボリュームの原則、熱い冷たいの原則)したが、さらに「実演の4演出」をすれば、さらに奏功することは間違いない。

実演の4演出とは、①目の前での演出(目の前やテーブル横での調理)、②にぎわい演出(入口を狭くする。食材を市場的に陳列する)、③人の数の演出(見える従業員を多くするため、壁などの隠れる部分を作らない)、④面積の演出(食材ケースや陳列場所の面積を大きく、カウンター席を多くして店内を広く見せ、さらにお客の行列を作る)のことである。

②第一印象を特化する

まず、店の入口の看板などで、主力商品やその店の強みを表現する。そして店内に入れば、店の強みが陳列や掲示物、実演によってすぐにわかるようにする。さらに、店員は満面の笑みをもって出迎える。

③価格、売れ筋を集中させる

価格帯は少ないほど、お客様の予算は明確になり、集客力が高まる。品揃えが集中する価格帯には35%以上の品揃えが必要だ。また、売れ筋主力商品の品揃えを増やすことで売上げも伸びる。メニューブックの主力商品掲載面積を広くするのもひとつの方法である。

④時流に適合する

前述の通り、①できたて、作りたて、生、産地、旬などをキーワードにして品揃えの強化やメニューを表現。②固形燃料より備長炭、型押しより手にぎり、インスタントより天然だしで作るというように、本来の方法による調理の実践や演出をする。③お客様に呼ばれれば、それをすべてに最優先させる。お出迎え、お見送りによって、大切にされたという「もてなし」の印象を作る。

この4原則により、繁盛に向けて店は活性化できる。

「面積の演出」

食材陳列の面積を広くし、目立つようにする

「熱い冷たいの原則」

氷の中にワインボトルを入れる

03 「差別化」から「差別点」へ発想を転換せよ！

アメリカに、「ロマーノ・マカロニグリル」というイタリアンレストランチェーンがある。店舗数は200店を超え、どの店も繁盛している。実は、私はこのチェーンの「繁盛のコツ」を、新店開発や既存店リニューアルに活用してきた。そして、実際にかなりの繁盛店を作ることができたため、この「繁盛のコツ」は原理・原則になると考えている。ただ、「マカロニグリル」の経営自体、創業者の手を離れて以来、集客力は日ごとに落ちているように見える。それはなぜか？　それは、創業者がこだわり続けてきた「繁盛のコツ」から離れてしまったためである。その大きな理由は、新規出店をしやすくするために新規投資を抑え、さらに人件費を抑えるために効率を重視したからである。

●差別「化」ではなく、差別する「点」を考える

私には、「差別化」という言葉からは何も具体的なものが見えてこない。新店開発の打ち合わせで周辺他店との「差別化」とよく言われるが、どうもピンとこない。

他の店と「差別化」するより、具体的な違いをお客様にどうやって「見て」「体験して」いただくかということが大切だと考えているからだ。

だから、私は差別化のための基本的な考え方＝コンセプトを「差別化」と言い、それをお客様が体験可能なまでに具体化した内容を「差別点」と呼んで区別している。具体的な「差別点」をいくつか店内に付加することによって、集客力は変化する。繁盛店になるか、普通よりましなレベルで終わるかは、「差別点」で決まるのだ。

たとえば、「マカロニグリル」店内にはいくつもの「差別点」が溢れていた。店内のどこに目を向けても、「差別点」が具体的に表現されていたのだ。

●デフォルメすれば、「強み」になる

あなたの店の主力は何だろうか。その主力商品の強みは何だろうか。もしくは、強くしたいのは何か。

「マカロニグリル」では、「おいしさ感」がデフォルメされていた。入口のドアを開けると、従業員がキッチンで働く姿がいきなり目に飛び込んでくる。お客様が360度、どこからでも見えるオープンキッチン。ピザ

にトッピングして焼く従業員、フライパンでパスタに火を入れるのが見える。デシャップ台（注文をキッチンに伝え、調理された商品を置く場所）では、サービス担当者が活気に溢れた声でオーダーを通している。

店に入った瞬間、第一印象として強烈に商品の「できたて感」や、従業員がいきいきと働く姿と店内の活気ある「にぎわい感」が味わうことができる。そこでお客様の本能は刺激され、ワクワクとした気持ちにさせられる。食べる前から、ある意味、満足できるわけだ。そのような点が「マカロニグリル」の他店にはない「強み」であり、「差別点」だったのである。また、「差別点」をデフォルメすることで、その店ならではの「強み」をお客様に強烈に印象づけ、満足感をもたらす効果もある。

●店内の「実演化」が「差別点」のポイント

店内のどこを見ても、オープンキッチン的な要素をいくつか取り入れることで、「差別点」が表現されているとお客様は感じる。それを「繁盛のコツ」にしたのが「マカロニグリル」であり、どこを見ても感じる「３６０度の視点」は、次のように原理・原則とすることができる。

①アイキャッチ化を図る

「マカロニグリル」の店内には、「大きなビンに入ったワインの陳列」がある。店内に7～10台も置かれた作業台には皿が積み上げられ、その横にはペッパーミルやワインクーラーが置かれている。そして、そこにお客様の目が行くように、大きな花瓶に入った真っ白なグラジオラスが飾られている。つまり、その作業台に置かれたすべてが、アイキャッチ（つい視線が行くようにする）となるように考えられていた。

②ミニ・オープンキッチン化する

すぐに実施でき、しかも効果が高いのがテーブル前での実演調理である。「マカロニグリル」も、テーブルでピザやパスタに大きなペッパーミルでこしょうをかける作業をしていた。この応用として、小さな店でもテーブルの横で生ハムを切ったり、目の前でハンバーグをカットしたり、日本酒をグラスに注いだり、店内でマグロやカツオの解体を行なうなど、さまざまな工夫ができる。

つまり、ミニ・オープンキッチン化するわけだが、取り組んでいる内容以上にお客様の満足度を高め、集客に反映する。

このように、お客様が体験可能なほど具体化した「差別点」を、いくつ店内に作り上げるかが繁盛度を決定することになる。

テーブル横での「ミニ・オープンキッチン化」

お客様の満足度を高める！

04 店の「お値打ち」をわかりやすくしよう！

私が主宰している「タカギレストランネット」という会員組織がある。会費は年間1万2600円で、毎月、ノウハウレポート『繁盛の原則』を発行、配布しているが、会員の企業経営者から相談を受けることも多い。この相談で店舗に訪問して店とメニューと商品を見ると、売上げが低下している原因は「主力商品のマンネリ化」にあることがほとんどだ。競合店や景気が原因となったのではなく、お客様が主力商品を食べたくなるほどの「お値打ち」が感じられなくなっているのである。

●「主力商品売上げ」の変化に気づいているか？

私が相談を受けたハンバーグ＆ステーキのレストランでの例を見てみよう。その店での主力商品は「炭焼きの100％ビーフハンバーグ」だった。品揃えは7種類だったが、商品担当者はメニュー変更を考えていて、「炭焼き100％ビーフハンバーグ」の品揃えを1品目減らし、安い価格の「合い挽きハンバーグ」を2品目増やしたいとのことだった。担当者がメニューを変更したい理由は、ある程度納得できたが、少し気になることがあったため、売上傾向を調べてもらうことにした。

すると、ランチの売上げは順調に伸びていたが、ディナーの売上げは2％ほどの前年割れだった。さらに、ディナーのカテゴリー（商品分類）別の売上げを前年と比べると、あることがわかった。

前年の「100％ビーフハンバーグ」と「合い挽きハンバーグ」の売上比はほぼ2対1だったのが、その年は1・3対1になっていたのである。つまり、主力である「100％ビーフハンバーグ」の売上げが漸減し、安い価格帯の「合い挽きハンバーグ」の売上げが伸びていたのだ。その結果、ディナーの売上前年比2％減を招いていたわけだ。主力商品の売れ行きしだいで、売上げは大きく変わってくる。私がそのデータを示すと、商品担当者は驚くとともに、すぐにそのことを理解してくれた。

●主力商品の「お値打ち感」を作る四つのコツ

主力商品は、お客様がリピーターとなればなるほどマンネリを感じてしまい、その結果、その売上げは低下していく。そして主力商品であるがゆえに、全体の売上げにも大きな影響を及ぼすことになる。だから、小さな店は主力商品を大切に考え、売上げを伸ばすことを考えるべきなのだ。その「コツ」は、「お値打ち感」をお客様に感じさせることであり、次の四つがポイントになる。

①主力商品の「品揃え」を豊かにする

まず、「7・30の原則」で考えてみることをお勧めする。この法則は、お客様が品揃えを多く感じる品目数の原則であり、主力商品のタイプによって、7品目、30品目、70品目を目安にした品揃えが基本となる。

営業内容で異なるが、たとえば焼き鳥屋なら焼き鳥を7品目、串焼きを30品目、イタリアンで主力がパスタならパスタ30品目、ピザを7品目といった具合だ。

ただ、品揃えの「数」だけでなく、「豊かさ」こそ肝心である。「豊かさ」とは、具だくさんに見えるトッピングだったり、種類や色が多彩に感じられるソースだったり、一つひとつのメニューに「個性」が感じられることだ。「数」が多くても、「個性」が感じられない、同じようなものばかりの品揃えでは豊かとは言えない。

②主力商品に「ストーリーづけ」をする

あなたは店の主力商品を「紹介」する場合、どのような説明をするだろうか？　その「紹介」には、お客様が耳を傾けるだけの内容や情報が入っているだろうか？

もし、価値がある「紹介」ができなければ、その商品は本当の主力商品とは呼べない。お客様が傾聴するに値する「紹介」をするためには、その商品に「ストーリーづけ」をすることが大切なのだ。

「ストーリーづけ」をするためのキーワードは、「産地」「素材」「仕入先情報」「調理方法」「味の工夫」「旬」である。それらのアイテムを、しっかりとメニューや店内ＰＯＰで表現することで、「ストーリーづけ」をすることができる。入口や店頭に、ミニ看板などを設置して演出するのもいいだろう。お客様は「商品」自体を買うというよりも、「商品のお値打ち」を買う時代になっているということを理解しなければならない。

③「目の前」での実演を効果的に！

実演は、お客様に「お値打ち」を感じさせる決め手となる。横浜市の「チーズカフェ」というイタリアン居酒屋は、もともと「超」がつくほどの繁盛店である。しかし、ある工夫がさらに売上げを伸ばすことになった。

それは、調理長が主力商品のひとつ、生ハムをお客様のテーブルでカットするという「実演」だ。１年ほど前から始めたこの「実演」の効果は絶大だった。

「7・30の原則」で品揃えの豊かさを演出する

ランチメニュー

海の幸のスパゲッティ

（おしょうゆ味）1,450円

えび、いか、タコ、ホタテ、あさり、さけの
6種類の海の幸をおしょうゆ味で仕上げました

はまぐりの唐辛子トマトソーススパゲッティ

1,250円

大きなはまぐりのむき身を、唐辛子が溶け込んだ
オリジナルトマトソースで仕上げました。
辛いものがお好きな方におすすめです☆

たらこのカルボナーラ

1,450円

和風の代表「たらこ」と洋風の代表「カルボナーラ」が
見事にマッチング！のりと白髪ねぎがクリーミな味をひきたてます

おしょうゆ味	（セットの価格です）
しめじのスパゲティ	1150円
チキンのスパゲティ	1150円
ミックスのスパゲティ	1250円
●山の幸のスパゲティ	1350円
●海の幸のスパゲティ	1450円

おしょうゆ味のバター風味	（セットの価格です）
なすとしめじのスパゲティ	1150円
●はまぐりとほうれん草のスパゲティ	1250円
さけと野菜のスパゲティ	1250円
●えびとほうれん草のスパゲティ	1350円
小えびときのこのスパゲティ	1350円
ベーコンとほうれん草のスパゲティ	1350円

唐辛子トマトソース	（セットの価格です）
チキンの唐辛子トマトソーススパゲティ	1250円
●はまぐりの唐辛子トマトソーススパゲティ	1250円
海の幸の唐辛子トマトソーススパゲティ	1550円
ミックスの唐辛子トマトソーススパゲティ	1550円

トマトソース（完熟トマトをじっくりにこみました）	（セットの価格です）
アスパラとベーコンのトマトソーススパゲティ	1250円
なすとベーコンのトマトソーススパゲティ	1250円
ベーコンとソーセージトマトソーススパゲティ	1350円
海の幸のトマトソーススパゲティ	1550円

ジンジャー・ガーリック味
・むき身のあさりをジンジャーまたはガーリックソースでどうぞ
ガーリックソースは50円増です。

ジンジャー・ガーリック味	（セットの価格です）
あさりのスパゲティ	1150円
あさりとしめじのスパゲティ	1250円
あさりとバジリコのスパゲティ	1250円
あさりとキムチのスパゲティ	1350円

バターであえました	（セットの価格です）
たらこのスパゲティ	1250円
たらことキムチのスパゲティ	1350円

生クリーム	（セットの価格です）
あさりの生クリームスパゲティ（きのこミックス入り）	1350円
はまぐりの生クリームスパゲティ（きのこミックス入り）	1350円
●たらこのカルボナーラ	1450円
生ハムの生クリームスパゲティ（きのこミックス入り）	1550円

北海道産の10種類の野菜を使ったサラダと3種類のデザートの盛り合わせ、ドリンクがセットになったお得なランチです。お好きなスパゲッティとドリンクをお選びください。
●にこちゃんマークはおすすめメニューです。
＊スパゲッティのみの単品はセット価格から400円引きでご用意いたします。

アイスコーヒー	カフェラテ	ブラッドオレンジ	ゆずスカッシュ
ホットコーヒー	カプチーノ	グレープフルーツ	カシスソーダ
アイスカフェラテ	オレンジ		洋梨ソーダ

大盛りは100円増です。　単品でのご注文もセット価格から400円引きでご用意いたします。

表示価格は消費税込みになっております。

05 「超」がつくほどの専門店がこれからの一番店！

札幌に「フルーツケーキファクトリー」というフルーツタルトの専門店がある。開店したのは8年ほど前だが、6支店があり、'07年10月には総本店を開店。7店の年間総売上げは8億円を超える超繁盛店だが、ここ2年ほど売上げが低下傾向にあり、壁にぶつかっている感触を受けていたと言う。

●すべての店は斜陽化する運命にある

どんな繁盛店であれ、売上げを伸ばし続けることは、非常に困難である。どんな店でも一定期間が過ぎると、売上げの伸びは鈍化し、やがて前年を割って「斜陽化」が始まる。それはある意味、自然なことである。

お客様は来店回数を重ねるごとに、その興奮が冷めていき、満足度も下がっていく。私は、次のような公式があると考えている。

興奮（満足度）＝1／（来店回数）^{2}

これは、お客様の興奮は来店回数の二乗に反比例するということだ。つまり初来店を100％とすると、2回目の来店で1／（2）^{2}＝1／4となるから、25％にまで減少する。

「お客様のヘビーユーザー化現象」のデメリットとして、このような興奮や満足度の低下があると考えられる。

しかし、なかには繁盛を継続し、さらに売上げを伸ばしている店もある。私が考える公式を超えて、初回来店時の興奮を維持し続けている店、ということになるだろう。そんな店を、私は「超・専門店」と呼んでいる。

●「超・専門店」を目指せ！

言い換えるなら、お客様の本能を刺激し続け、興奮、満足度を維持できるものこそ「本物」である。店の「強み」を本物とさせているからこそ、お客様は何回来店しても興奮し満足する。そして、私の言う「超・専門店」とは、本物の「強み」を持った店なのである。「お客様のヘビーユーザー化」が急速に進む飲食業界では、この「超・専門店」こそ、注目すべきものなのだ。

「フルーツケーキファクトリー」は「超・専門店」を志向している好例である。従来、この店ではフルーツタルトを20～30品目という豊かな品揃えをして、店の特化を図ってきたが、「超・専門店」を志向したため、「強みの本物化」による一番化を狙った。具体的には、「フルーツの甘みとケーキのおいしさ」という強みを本物化することにしたのである。

たとえば、店内にタルトに使用したフルーツの産地ボードを設置し、その糖度を表示。また、「品揃えの豊かさ」のために、フルーツの旬と熟成のタイミングを心がけ、ケーキ生地も種類を増やして、味と飾りつけで、「個性」が一つひとつ感じられるようにした。さらに、サービスも作業中心の効率的なものから「お客様との会話」を大切にする「もてなし」型に転換した。全店でそのような方向性を徹底し、「超・専門店」化を図っている。

●「超・専門店」のための三つの鍵

アメリカ・コネチカット州の食品スーパー「スチュー・レオナード」は、面積当たりの売上高、店舗売上高ともに世界で1、2を争う。この食品スーパーから、「超・専門店」とする、三つの成功の鍵を考えてみたい。

①「強み」を本物化する

「スチュー・レオナード」では、「できたて、鮮度」を特化させている。入口コーナーで販売している牛乳は、搾りたてを店内でパッキングして販売。オレンジジュースも、絞りたて30分以内のものしか販売していない。

また、青果、肉、魚などの生鮮食品は、生産・収穫した者と場所をボードで示して品質保証をしている。まさに、「強みの本物化」を体現していると言えるだろう。

②「差別点」を強調する

しかも、この店では「強みの本物化」という差別点を、お客様に対して視覚化して示している。搾りたての牛乳のパッキング、新鮮なオレンジを搾ってジュースにするということを、すべてお客様の目の前で実演しているのだ。チーズや肉を熟成させる保冷室、魚が泳ぐ生け簀、パンを焼くオーブンなど、すべてがお客様から見える。「できたて、鮮度」を強調、演出して、売場を作り上げているのだ。

③お客様に「再来店」を促す

さらに、レジ近くには「お客様の声」を書く用紙が置かれている。1日に400件もの声が集まるというが、すぐに売場責任者がそれに目を通して検討する。そこから数々の改善を実行して売上アップにつなげているわけだ。しかも、月1回はお客様の何名かに依頼して「改善ミーティング」を実施し、改善点を考えている。そのような施策の数々が、世界一レベルの売上げの原点なのだ。

フルーツの旬と甘みを訴求して「超・専門店化」！

06 「変身経営」で繁盛を継続させよう！

暗闇でボーリングをしたら、どこにボールを投げればいいのかまったく見当もつかない。また、たとえピンに当たったとしても、ピンが何本倒れたかすらわからない、まったくつまらないゲームとなるだろう。

それと同じように、店も商売の方向性や方針を明確にしなければ、まったくつまらないものになってしまう。また、いくら努力をしても成果が上がらない、成果が見えないというのも、逆に言えば、「暗闇のボーリング」のようなものである。

●店長よ！ 変わりなさい！

店長は、チームをやる気集団へと「変身」させるために、第一線で働く人たちへの「内的報酬」というポイントを大切にするべきである。これが店に活力を与え、お客様への対応力を高めることになる。なぜなら、「内的報酬」によって従業員のモラールアップさせることで、既存客の再来店が図れ、繁盛店を作り上げられるからだ。

第一線で働く人たちへの報酬には、「外的報酬」と「内的報酬」がある。「外的報酬」は「金銭」を中心にした動機づけ、「内的報酬」は「やりがい」を中心にした動機づけのことである。

一般的に「外的報酬」には、①部下教育のような長期的なスパンで成果が上がる仕事はしなくなる、②人件費や原価カットなど、短期間で成果が出る仕事を求める、③店員仲間や他の店と協力、ノウハウを共有するような仕事をしなくなる、④従業員が自由に意見を話し合わなくなる、というデメリットがあると言われている。

そのようなデメリットがあるなら、従業員の競争力や将来に対する挑戦力がなくなる可能性がある。

一方、「内的報酬」は動機づけである。一人ひとりに対して、店長が一緒になって目標を考え、目標達成のために協力を惜しまず励ます。「本人のやりがい」を喚起するわけだ。そして、それから生まれるものは、①達成感と次への挑戦、②部下の育成、チームの活性化への意欲、③衆知結集型の一体化したチーム、競争力のある組織、④短期的な成果を目指さず、コツコツと努力を重ねて大きな成果を生む、といったメリットがある。

●「短期思考」はやめよう!

このようなデメリットがあるにもかかわらず、金銭というわかりやすい形のためか、「外的報酬」に力を入れる店は多い。また当然、金銭を報酬のベースに置くと、経営の健全化のために、利益管理を徹底しなければならない。とすると、短期的に利益を追求することになりがちになる。その結果、時間のかかる長期的な取り組みがおざなりになってしまう。

すると悪循環に陥り、①人手不足になりがちでシフトが長時間化する、②新人のパートがすぐに辞める、③従業員の活気がなくなる、④お客様のクレームが増える、⑤店長は、従業員への指示・命令に忙殺される、ということになりかねない。

店長は従業員一人ひとりの意見を大切にして、適材適所を心がけ、従業員それぞれの個性に合った目標を本人と話し合いながら設定していくべきである。そして、店長はそれぞれの成果を踏まえ、次のステージへ行くために、協力やアドバイスを惜しまない。それが、従業員「一人ひとりのやりがい」を生んでいくのである。

これこそが、繁盛店経営の基盤となっていくのである。

店長は、従業員一人ひとりと一緒に目標を考える

自分目標設定シート

氏名		今日の日付		目標達成期日	
目標達成のための奉仕活動	（仕事面）			その他	
達成目標	（最高の目標）				
	（中間の目標）				
	（絶対達成できる目標）				
	（今回の目標）				
目標より得られる利益					
（過去の分析）（成功例） （メンタル面）			（失敗例）		
（技）					
（体、健康）					
（生活）					
（予想される問題点） （メンタル）			（解決策）		
（体、健康）					
（技）					
（仕事、家庭生活）					
（その他）					
具体的な行動（優先順位別→できやすい行動目標から）	期日			期日	
①		⑪			
②		⑫			
③		⑬			
④		⑭			
⑤		⑮			
⑥		⑯			
⑦		⑰			
⑧		⑱			
⑨		⑲			
⑩		⑳			
成功へ導く決意表明					
成功へのセルフトーク					
（向上ルーティン）（秒数）			（切り捨てルーティン）（秒数）		
（達成までに援助してほしい事、人、物）					
（やってほしいこと）			（やってほしくないこと）		
（言ってほしいこと）			（言ってほしくないこと）		

【骨太繁盛法則（2）】

手に届く「ぜいたく」が集客力を作る

01 手に届くような「ぜいたく」を提案しよう！

ある郊外型の海鮮居酒屋チェーンの客単価は2500円ほどである。比較的安い店だが、その店の「一番商品」は、生け簀から採り上げた活きあじの姿造りと産直の刺身5～6種の桶盛りで値段は1500円だった。氷に敷き詰められた桶に盛りつけるというシズル演出がなされ、価格的にもお値打ち商品である。

その居酒屋チェーン店では、この「一番商品」を毎年ブラッシュアップ（磨き込み）するように努力していた。ときには、チェーン店で「出数コンテスト」を実施するなどの工夫をしていたほどである。

●活き伊勢エビが売上げを伸ばした！

生け簀のメインは活きあじで、その他、サザエや宴会用の活き魚などを入れているが、ある店長がおもしろい挑戦をした。生け簀に活き伊勢エビを入れてみたのだ。

値づけは1匹3800円。客単価2500円、「一番商品」の桶盛りが3人前1500円だから、その店では非常に高価な商品となる。

売れなければ大赤字になるため、最初は生け簀に3匹だけ入れ、本日のおすすめメニューに入れてみたという。

すると、店長自身によるおすすめも奏功して、その3匹はすぐに完売となった。しかも、活き伊勢エビを注文したお客様の反応が実によかったらしい。みなさん、たいへん満足されたとのことだ。その後、売上げは順調に伸び、現在は入荷の状況にもよるが、週に20匹前後をコンスタントに販売しているという。

さらに、2000円を超える高単価な活き物も、アワビやカワハギなど変化を入れながら仕入れの工夫をしている。その結果、活き伊勢エビを売り始めてから2ヶ月ほど経つと、チェーン15店舗の中で、その店だけが売上2桁アップを成し遂げることができたのである。

●活き伊勢エビで、どの店でも売上げがアップ！

営業会議で活き伊勢エビの成功事例が報告され、他のチェーン店でも活き伊勢エビを販売することになった。すると、2～3ヶ月後の結果は、どの店も売上げが伸び始めた。店長の意欲によって伸び率に差はあるものの、総じて売上げは伸びていったのである。

ただ不思議なもので、どの店も活き伊勢エビの出数は、売れ筋と言えるほどのものではなかった。しかし、売上げは伸びていった。

活き伊勢エビが売れ筋にならないのは当然である。客単価2500円よりも高い商品であるため、その店のお客様にとっては「ぜいたく」な商品だからだ。

しかし、「ぜいたく」な商品を注文されたからこそ、お客様の満足度はかなり高くなるとも言える。そして、それによってお客様の再来店化が促され、売上アップにつながったようなのだ。

お客様には、「たまには」という注文動機が潜在的にある。「給料をもらったばかりだから」とか「たまに、みんなで集ったのだから」というような、「たまには」という注文動機に応えることができるのが、「ぜいたく商品」である活き伊勢エビだったのだ。

それまで、そのようなお客様の要望に応える商品がなかったとも言える。「たまには」に応えた新しいマーケットを創り出し、売上アップにつなげていったのだ。

●注文していないお客様の満足が高まった

このチェーン店のケースで、さらに私が驚いたことは、注文していないお客様にも評判がいいということだった。お客様が入店する際、入口付近に設置された生け簀は必ず目に入るが、生け簀に活き伊勢エビを見つけると連れと言葉を交わし、驚きと笑顔を見せるという。

そして、テーブルに着いて本日のおすすめメニューの活き伊勢エビを見て、「今度、給料日に注文しよう」という楽しそうな会話をしているというのだ。

本当に給料日に注文するかどうかはわからないが、給料日という特別な日に、ちょっとしたぜいたくとして注文したい一品になっていることは間違いない。

ぜいたくではあっても、お客様にとって手が届く範囲の「ぜいたく」な一品になっているのである。

たとえ、そのとき注文しなかったお客様でも、次回の来店への動機づけになるのが、この手に届く範囲の「ぜいたく」な商品と言えるだろう。

しかもこのチェーン店では、活き伊勢エビを販売し始めると、同じ生け簀で泳ぐ「一番商品」の注文数がアップしたという。それは、手に届く範囲の「ぜいたく」な商品のいいイメージが、「一番商品」にまで波及しているからだろう。このケースを見るように、お客様の再来店を促すだけでなく、「一番商品」を強化させて売上アップにも大きく貢献するわけである。

メニューに「活き伊勢エビ」があることで、「お造り」という一番商品をイメージアップさせる！

本日の産直お造り盛り合わせ

10月12日 木曜日

本日、活伊勢えびが入荷しました。

北海道で獲れた魚はもちろん、全国の漁港から毎日産地直送で仕入れた新鮮なお魚を日替わりで盛り込んでおります。漁模様や交通機関の状況などにより仕入できない場合はごめんなさい。

※表示金額は税抜き価格です

活伊勢えび 豪華五点盛り合わせ 四、五〇〇円

- 活伊勢えび　伊勢海老のそのままの味わいを楽しめるのがおつくりです
- 九州産 あじのお造り　コリッとした歯ごたえと、ほんのりとした脂ののり！
- 寿都産 活あわび　確かな歯ごたえにのせて、香の上でたゆたう甘みが、えもいわれぬ悦びです
- 根室産 トロさんまのお造り　今期初サンマ！初物とあって脂ののりは完全ではありませんが先取初サンマをお試し下さい。
- 札幌市場 本まぐろ中トロ　しっとりとした赤身の部分にきめ細かなトロが入り込んだ絶妙なバランス

本日おすすめ2～3人盛り！9種類の海鮮をご用意！満足の頂ける1品です。

お造り三人盛り 一、八〇〇円

本日の姿造り
- ・九州産 かんぱち
- ・根室産 トロさんま

噴火湾産 活ホタテ
九州産 ぶり
愛媛産 真鯛
札幌市場 甘えび
札幌市場 本まぐろ赤身
札幌市場 サーモン
本日の珍味 エビの殻の唐揚
※本日仕入れた魚種の中から、珍味をお作りしてお付けします。

お造り二人盛り 一、二〇〇円

本日の姿造り
- ・根室産 トロさんま

噴火湾産 活ホタテ
九州産 ぶり
札幌市場 甘えび
札幌市場 本まぐろ赤身
札幌市場 サーモン
本日の珍味 エビの殻の唐揚
※本日仕入れた魚種の中から、珍味をお作りしてお付けします。

お造り大漁舟四人盛り 二、四〇〇円

本日の姿造り
- ・九州産 かんぱち
- ・根室産 トロさんま

噴火湾産 活ホタテ
九州産 ぶり
襟裳産 活つぶ
愛媛産 真鯛
札幌市場 甘えび
札幌市場 本まぐろ赤身
札幌市場 サーモン
本日の珍味 エビの殻の唐揚
※本日仕入れた魚種の中から、珍味をお作りしてお付けします。

大将自慢の大漁舟盛り 三、〇〇〇円

オホーツク産 生本タラバ蟹
北洋産 本まぐろ中トロ
襟裳産 活つぶ
札幌市場 ボタン海老
札幌市場 生ウニ

まぐろ盛り込み 一、一八〇円

本まぐろ赤身
本まぐろ中とろ
ばちまぐろ
びんちょうまぐろ

平日の姿入りお造り盛り合わせ 一、八八〇円

小樽産 姿盛り平目
襟裳産 活つぶ
根室産 トロさんま

箱ウニとお造り盛り合わせ 二、〇八〇円

札幌市場 箱ウニ
苫小牧産 活ホッキ
九州産 ぶり
札幌市場 サーモン
札幌市場 本まぐろ赤身

活あわび入り活貝四種盛り合わせ 一、九八〇円

寿都産 活あわび
襟裳産 活つぶ
苫小牧産 活ホッキ
噴火湾産 活ほたて

単品お造り

九州産	ぶりのお造り	五八〇円
愛媛産	真鯛のお造り	四八〇円
苫小牧産	活ほたてのお造り	四二〇円
苫小牧産	活ほっきのお造り	四八〇円
襟裳産	活つぶのお造り	五八〇円
八戸産	自家製〆さばのお造り	四八〇円
札幌市場	本まぐろ中トロのお造り	六八〇円
札幌市場	本まぐろ赤身のお造り	六三〇円
札幌市場	いかそうめん	四八〇円
札幌市場	サーモンのお造り	四二〇円

メニューに無いお造りもできる場合がございます。スタッフにお申し付けください。

02 「売れ筋」から「売り筋」へ転換しよう！

「ＡＢＣ分析」という商品管理の手法がある。

売れる商品から上位80％が「Ａ商品」、次の81～90％が「Ｂ商品」、残りの91～１００％が「Ｃ商品」という具合に、売れ筋の構成で分類していく。そして、売れない「Ｃ商品」の販売をやめて、新しい商品を投入していくという商品管理手法だ。

●「ABC分析」では他店との「差」が消えてしまう

コンビニエンスストアのように、品揃えが万単位で、しかも品揃えで競合他店と差別化しにくい店では、この「ＡＢＣ分析」は売場の活性化を推進し、売上アップに大いに貢献するだろう。

しかし飲食店で、多くても１００品目前後、商品のカテゴリーは多くても5～7カテゴリー程度の店で「ＡＢＣ分析」をしても、作業効率的にも売上的にも、効果を上げることは難しい。逆に、売れにくい商品を切り続けて商品を入れ替えることで、自店メニューの品揃えが競合店と同じようなものになってしまう場合が多い。その結果、他店と同じようなメニューになっていき、その店独自の強みが消え、売上げは上がるどころか、長期的な売上低落傾向に陥るのを私は数多く見てきた。

「売れ筋」でなく、「売り筋」という視点を持たなければ、店の強みを消してしまう結果に陥りがちになる。

●伸びる店と消える店の違いは？

7年ほど前のことである。ほぼ同じ時期、郊外型の居酒屋の開発を2件担当した。ひとつは四国、もうひとつは信州方面だ。当然、運営会社は違うのだが、それぞれの会社とも居酒屋経営は初めてだった。

また両社とも、海鮮系の商品に強みを作れるような環境が揃っていたため、刺身を主力商品とした居酒屋にすることになった。一方の店は80坪で2億６０００万円の売上げ、もうひとつの店は１５０坪で3億円の初年度売上げを達成した。ともに午後5時から11時までの6時間営業だから、どちらも繁盛店だったことは間違いない。

一方の店はいまだに繁盛を続け、新たに二つの支店を出店し、どの店も繁盛店となっている。

しかし、もうひとつの店は1～2年目は快調に支店を出したらしいが、3～4年すると売上げは半分以下になってしまったと聞いている。

●「売り筋」が見えてくれば、売上げは伸びる

売上げが悪化した店の責任者から聞いた話によると、主力の刺身があまり売れなくなったため、その店は刺身の品揃えをどんどん絞り込んでいったらしい。

一方、繁盛を続ける店の対策は逆だった。この店でも、総売上げに対して13％ほどの構成比を持っていた刺身は12％、11％と売上げは下がっていった。しかし、この店では産直品の強化や鮮度管理を充実させて、品揃えもより豊富にするという対照的な対策を実施し続け、現在の刺身の売上構成比は15％を超えているという。

商品には「売れ筋」と「売り筋」がある。

「売れ筋」とは、店が売るための工夫をそれほどしなくても売れる商品のことである。売上げが半分以下となった店では、この「売れ筋」管理重視で品揃えの見直しをしていた。そのため、主力の刺身であっても、売れ数の少ない商品はカットされ続けたのだ。「売れ筋管理」は大切である。しかし、それだけでは競合店と差のない品揃えになってしまう。自店の「売れ筋」商品は、他店でも「売れ筋」というケースが多い。他店と同じメニューでは、集客力は弱くなっていって当然である。

大切なのは、「売り筋」という考え方である。

繁盛を続ける店のほうは現在、刺身のメニューとして、伊勢エビやアワビなど高級な商品まで品揃えされている。最初は1日にひとつ売れるか売れないかというレベルで、「売れ筋」重視ならすぐに販売中止になる。しかしその店は、最初は3匹しか仕入れなかった伊勢エビを10匹に増やし、生け簀に入れてお客様に目立つようにした。また、2mはあろうかという大型POPを設置し、伊勢エビやアワビを強く訴求した。従業員もしっかりと商品説明をして、お客様におすすめした。

その結果、1日平均で伊勢エビが3～4匹売れるようになっていった。それでも決して売れ筋ではないが、従業員全員で工夫や努力を重ね、より売れるようにする商品こそが「売り筋」なのである。

「売り筋」は他店でもさほど売れないから、品揃えを続ける店は稀となる。だからこそ、「売り筋」のメニューは大きな差別化の役割をはたしてくれるのだ。

前項で述べた繁盛店の伊勢エビも「売り筋」である。「売れ筋」と「売り筋」の使い分けの大切さを、みなさんもよく考えていただきたい。

「売り筋」で差別化を図れ

「売り筋」の「大盛りたらばがに」が、「売れ筋」のチラシ下部「どん磯造り（お造り盛り合わせ）」を際立たせている

03 「一番商品」は売れ筋、「パワーアイテム」は売り筋!

売上げをアップさせるためのコツは、「一番商品の出数をより伸ばす」という原則に尽きる。これは、原則中の原則と言っても過言ではないだろう。

●「一番商品」とは何か?

「売れ筋」商品の中でも、とくにその店を代表するような一品こそが「一番商品」である。この「一番商品」の出数をより伸ばすことで、売上げは順調に伸びていく。

しかし、飲食業界はお客様の「ヘビーユーザー化」が進んでいる。お客様はさまざまな店に行くため、現実としては、自店と同業他店との「売れ筋」は、大きな差はない場合がほとんどである。

ということは、「一番商品」はどの店でも似たりよったりで、大差ない場合がほとんどと考えたほうがよい。そんな「一番商品」で、ヘビーユーザー化したお客様に強い印象を与えることは難しい。

●「一番商品」の決め手となる「差別点」

前章で述べたように、「差別化」とは考え方やコンセプトのことであり、「差別点」とは、それを具体的に表現したものである。

したがって、「差別化」はお客様にはわかりづらいが、「差別点」はお客様の目に見え、体験できるものである。また、そうしないと意味がない。

「一番商品」を売上アップの決め手とするために付加しなければならない「差別点」は、①できたて要素(産地直送、旬、作りたて、目の前での実演調理など)、②高品質要素(味のメリハリ、お値打ち感や品質保証など)、③シズル要素(音、色、温度、ボリュームの4要素による演出)、④本物要素(目の前での炭・かまど・天ぷら鍋などによる本来的調理方法)といった四つの要素で具体化させる。それによって、「一番商品」は売上アップの決め手となる。

さらに、売上アップをより効果的に図るには、「パワーアイテム」が必要となる。

●「パワーアイテム」を作ろう

「パワーアイテム」とは、売れ筋商品や「一番商品」を、よりハイイメージ化するための商品である。その商品を品揃えすることにより「一番商品」のイメージが高まり、お客様の満足感をより高める効果がある。

そのため、「一番商品」だけでなく、パワーアイテムの品揃えを充実されることによって、売上アップ2桁台を実現することも可能になるのだ。

このような「パワーアイテム」に必要な要素は、①手に届く「ごちそう」という素材的切り口、②ガツンと一発くるような強烈さのある印象的切り口という二つだ。

●「パワーアイテム」は高価格帯にする

いつ行っても満席で、行列ができることも珍しくない繁盛やきとり屋が東京・銀座にある。

その店にはメニューブックがなく、コースと半コース（コースの半分の串数）の2種類しかない。ほとんどのお客様は半コースを注文するが、半コース、コースにある「鴨の田楽」（鴨のみそ仕込みの串）が、この店の「一番商品」である。他のやきとり屋ではあまり見かけない珍しいメニューと言えるだろう。

そして、半コースを注文すると、すかさず「鴨のアスパラ（アスパラガスを鴨で巻いた串）はおつけしますか？」というおすすめが入る。すると、ほとんどのお客様がこのメニューを注文するが、この串はしっかりとしたボリューム感があり、味も特徴的で印象に残る。

ただ、この「鴨のアスパラ」は半コースの串の平均価格に比べて2倍ほどの商品なのだが、この串を食べなければこの店に来た意味がないというほど、みなさん注文しているようである。

これこそ、「パワーアイテム」なのである。まず、「パワーアイテム」とは、売れ筋の約2倍ほどの価格が必要だ。そのくらい価格差がないと、お客様に強烈に印象づけることは難しい。しかし2倍もの値段だと、メニューブックやＰＯＰに掲載するだけでは売れない。

この店では、この商品を「売れ筋」でなく、きちんと「売り筋」にしているのだ。「売り筋」とは、従業員が言葉でしっかりと説明したり、メニューブックなどでおすすめの理由を詳しく表現しなければ売れない。

また、それだけ強烈な印象を与える「おすすめどころ」やお客様に訴求できる理由づけが、「パワーアイテム」には必要になるのだ。

「売れ筋」価格に品揃えされた「一番商品」、そして「売り筋」価格には「パワーアイテム」。この二つの商品を中心にしてメニューを構成していくことで、その店は活性化され、売上アップも約束されるのである。

「売れ筋」は「三日仕込みの皮」だが、価格が３倍近い「つくね」メニューがパワーアイテムになっている

炭火でけむりを上げる
備長炭で焼きあげる香り高き焼きとり

備長炭火串

自慢（徳島県の地鶏100%）

地鶏つくねタレ	1串270円
地鶏つくね塩	1串270円
地鶏つくねマヨネーズ	1串270円
地鶏の揚げつくね　からしマヨネーズ添え	1串270円

名物

手羽先

塩焼き	1串180円
カレー焼き	1串180円
にんにく醤油	1串180円

ささみ

梅しそ巻き	1串180円
チーズしそ巻き	1串180円
わさび	1串180円
明太子	1串200円
かつおぶし	1串200円

若鶏の唐揚げ
ピリットと辛味の効いた甘辛ネギソースで

・特盛り　850円
・一人前　480円

名代

三日仕込みのかわ	1串100円
ねぎま	1串150円
なんこつ	1串150円
ぼんぼち	1串150円
ぼんぼちのにんにく醤油	1串150円
砂ずり	1串160円
とりみ〈ももみ〉	1串160円
とりみのカレー風味	1串160円
とりみのマヨネーズ	1串160円
こころ（ハツ）	1串160円
レバー	1串160円

トマトベーコン巻き	1串180円
うずら卵ベーコン巻き	1串180円
ｱｽﾊﾟﾗベーコン巻き	1串200円
えのきベーコン巻き	1串200円
椎茸のベーコン巻き	1串200円
チーズベーコン巻き	1串200円
もちのベーコン巻き	1皿260円
もちのいそべ焼き	1皿260円

ししとう	1串120円
どんこホイル焼き（秋田産椎茸）	1串250円

たこの磯焼き	1串220円
海老のタルタルソース	1串300円

氷下魚（こまい）の炭火焼き（三尾）	580円
丸いかの一夜干し（能登産）	380円
いわしのみりん干し	430円
金目鯛のみりん干し（伊東産）	450円

当店の価格は消費税込みの価格になっています

04 「パワーアイテム」で「ガツンと一発」を狙え！

私がよく行く大阪の寿司屋は、小さな店だが行列もできるほどの繁盛店である。あるとき、隣に座った女性2人連れの客が、最後に何を頼むかを相談していた。そして、2人とも店の名物である「あなごの一本握り」を注文したのだが、長さ15cmを超えるボリュームある一品だ。その女性客2人の健啖ぶりに私は驚いた。

その後しばらくして、お付き合い先の営業会議で、その店の女性店長に会ったので、「店長、あなたはあの寿司屋で、最後の一品は何を食べたいですか」と聞いてみた。するとその店長は、「あなご一本握り」と即答したのだが、その理由を聞いてみると、それぐらいのボリュームがあるものを食べないと、食べた気がしないということだった。

このように、「ガツンと一発くる」ような商品は、「パワーアイテム」となる。

●第一印象か、残印象で「ガツンと一発」

商品には最初に注文するものと、最後に締めとして注文するタイプのもの、そして、その合間に注文するものという三つタイプがある。「パワーアイテム」は強烈な印象を与えなければならない商品特性が必要なだけに、最初か最後に注文するタイプのほうがいい。「第一印象」か最後の「残印象」こそ、「ガツンと一発」お客様の頭の中に強く残ることになるからだ。

雑誌に、ある小さな中華料理店が紹介されていた。その記事に興味を持った私は、その店に行ってみたのだが、なかなかの繁盛店だったが席数は少なく、満席で帰るお客様が何人もいた。私は何とか入れたのだが、注文する前に、常連客と思われるお客様を見ていると、グランドメニューには見向きもせず、黒板に書かれたおすすめメニューからすべて注文していた。

黒板のメニューには24、25品目ほどの商品が記入されていたが、それらの商品すべてに旬の素材が1～2品使われていたのだ。私は、「旬カテゴリーが一番商品になる」という新しい発見をすることができた。

私は7人のグループで行ったため、黒板のメニューから、まず6～7品目を選んで注文した。そして、雑誌で紹介されていたその店の評判メニューである〝マーボー豆腐〟をプラスして頼んだ。

すると従業員からは、「マーボー豆腐は最後の締めとして提供するので、ご飯と一緒に最後に注文してください」という言葉が返ってきた。私たちはその言葉通り、最後の締めとしてマーボー豆腐とご飯を注文した。味は粒こしょうでしっかりと味つけされていて非常に特徴のある辛味が強烈にした。

まさしく、「ガツンと一発」くる味で強い印象だった。

●「第一印象型」と「残印象型」

その店のマーボー豆腐は締めの注文だから、「残印象型」の「パワーアイテム」である。そのボリューム、刺激的な味といい、私たちに強い印象を残した。

一方、「第一印象型」の「パワーアイテム」は刺身のようなメニューである。刺身は、どちらかというと最初に注文するタイプの商品で、食事の途中や最後に注文するということはないだろう。

ただ、刺身は明確な第一印象型の商品だが、「ガツンと一発」というような強い印象はあまりない。しかし、前述した通り、伊勢エビのような手に届く「ぜいたく」な商品なら、強烈なインパクトを与えることができるだろう。また、伊勢エビでなくても、生け簀から採り上げて姿造りにすれば、お客様に強い印象を与えるメニューになる。

また、ある繁盛店の居酒屋で見たのだが、刺身盛りを注文すると、大皿の中に10cm四方はある大きな氷を3～4個入れ、その上に刺身を盛り付けてあったのには強烈な印象を受けた。素材だけでなく、提供方法を工夫することで、「ガツンと一発くるパワーアイテム」を作り上げることができるのである。

「第一印象型」、「残印象型」のメニューを大別してみると、次のようになる。

・第一印象型…刺身、サラダ、前菜、やきとりのつくねや皮、焼肉屋の特選肉、ラーメン屋のギョウザなど

・残印象型…デザートや紅茶、コーヒーなどの飲み物、ご飯類、寿司屋のあなごの一本握りやとろ鉄火、中華料理屋のマーボー豆腐など

一例だから、これ以外にもさまざまな「第一印象型」「残印象型」の「パワーアイテム」が考えられる。あなたの店の個性に合わせて考えていただきたい。

「パワーアイテム」が持つ強烈さが、お客様の再来店化に大きな役割をはたすはずである。

第一印象型の「ガツンと一発」の印象を与える商品

焼き肉の厚みが強い
印象を与える

残印象型の「ガツンと一発」の印象を与える商品

イチゴの赤とボリューム感が強い印象を与える

05 お客様の予算に合った品揃えに集中させよう！

私が、コンサルティングをする店で最初に行なうことは、価格帯別の品揃えの把握である。

●売れ筋価格がお客様予算

つまり、品揃えの一番多い価格帯を探すのである。私はその価格帯を中心価格帯と呼んでいるが、この価格帯の商品の総出数がもっとも多い価格帯となる。

そして、価格帯別に1品当たりの平均出数を計算しても、この価格帯がもっとも多い平均出数となる。まさしく「売れ筋」の価格帯なのである。

1品目当たり平均出数でも一番多く、売れ筋商品のほとんどがこの価格帯に品揃えされている。

要は、お客様の予算と一致しているということである。中心価格帯＝お客様予算が、品揃え原則となるわけだ。

不振店の多くは、この品揃え原則になっていない。品揃えの一番多い中心価格帯であるにもかかわらず、総出数で他の価格帯より低かったり、1品目当たり平均出数で同様のケースである場合、その店の売上げは減少する。

これは、中心価格とお客様予算が一致していないということだ。また、見方を考えると、お客様ニーズと合わない品揃えをしているとも考えられる。

●中心価格帯は計算式から算出できる！

それにはまず、サイドオーダーのような商品ははずして考える。レストランで言えばサラダやスープ、ドリンクといったメニューである。居酒屋なら1本売りの串や突き出し、宴会用の商品ははずしていく。

そして、一番安い価格と一番高い価格でかけ算をする。かけ算で算出された数をルートで解く。一見、難しそうな計算だが、電卓で簡単に計算ができる。かけ算で算出された数値を電卓に入れ、ルート（√）ボタンを押せば簡単に計算することができる。

その数値が、品揃えの中心価格となるわけである。

また、その計算上の中心価格と、実際の品揃えにおける中心価格帯が一致しない場合も、やはり売上不振となるケースが少なくない。

さらに、計算上の中心価格で客単価も算出できる。

仮に、計算上の中心価格をAとすると、

レストラン…A×1・05＝客単価
ディナー型レストラン…A×1・3＝客単価
高級ディナー型レストラン…A×1・7＝客単価
居酒屋…A×6＝客単価
（ただし、宴会は除く）
串物店…A×20＝客単価
寿司店…A（一貫当たり）×20＝客単価
回転寿司…A（一皿当たり）×10＝客単価
焼肉…A×4＝客単価

このように計算された客単価と実際の客単価が異なる場合、実際の品揃え構成に問題があるケースが多いので注意が必要だ。ただ、「売れ筋」中心ではなく、「売り筋」型の商品をしっかりと売っている店は、計算客単価よりも高くなりやすい。また、このような店は繁盛店である場合が多い。

●中心価格帯に、より集中せよ

中心価格帯に、メニューをより多く品揃えすることで集客力は高まる。それは、お客様の予算と中心価格帯が一致するからだ。

お客様の予算内での品揃えが豊富になることで、お客様のニーズにより的確に対応できることになり、その結果、満足度は高まりやすくなるからだ。

逆に、中心価格帯への品揃え集中度が低く、どの価格帯にもまんべんなく品揃えされた店の売上げは不振に陥るケースが多い。

たとえば、100品目の品揃えがあるとしよう。

A店は、中心価格帯が明確で50％の50品目が品揃えされていると仮定し、B店は中心価格帯が不明確で10％の10品目とした場合、どちらのほうがメニューの豊富さを感じさせるだろうか？　当然、A店である。

B店の場合、同じ100品目であっても、お客様から、「注文するものがないなあ」という声が上がったり、注文を決定するのに時間がかかることになる。

業態が成熟していくと均一型の店が登場するのも、価格帯の品揃え集中度が高くなればなるほど集客力が増すからである。しかし、集中度が高くなればなるほど、食材の品質的な広がりやボリュームなども限定的になりやすくなるため、メニューのおもしろ味に欠けることになる。中心価格帯を明確にして、お客様の満足を高めるためには、フードやドリンクなど、カテゴリーの違うものは別にして、品揃えの35％～50％を目安にして品揃えするといいだろう。

お客様の「予算」に合わせた品揃えを考える

● PI 分析 ●

店舗比較　①（800円）　②（1400円）　③（2200円）　（ディナー）

	80円	100円	140円	180円	220円	300円	400円	500円	670円	800円	1000円	1400円	1800円	2200円	3000円	4000円	5000円	6700円	8000円~	
アイテム数	0	0	0	1	4	9	3	7	4	13	4	6	3	6	2	0	0	0	0	62
アイテム構成比（%）	0.0%	0.0%	0.0%	1.6%	6.5%	14.5%	4.8%	11.3%	6.5%	21.0%	6.5%	9.7%	4.8%	9.7%	3.2%	0.0%	0.0%	0.0%	0.0%	100.0%
出数	0	0	0	601	349	3262	202	445	237	2392	708	699	192	413	107	0	0	0	0	9607
出数構成比（%）	0.0%	0.0%	0.0%	6.3%	3.6%	34.0%	2.1%	4.6%	2.5%	24.9%	7.4%	7.3%	2.0%	4.3%	1.1%	0.0%	0.0%	0.0%	0.0%	100.0%
順位				5	8	1	10	6	9	2	3	4	11	7	12					
1アイテムあたりの出数				601.0	87.3	362.4	67.3	63.6	59.3	184.0	177.0	116.5	64.0	68.8	53.5					
順位				1	6	2	8	10	11	3	4	5	9	7	12					

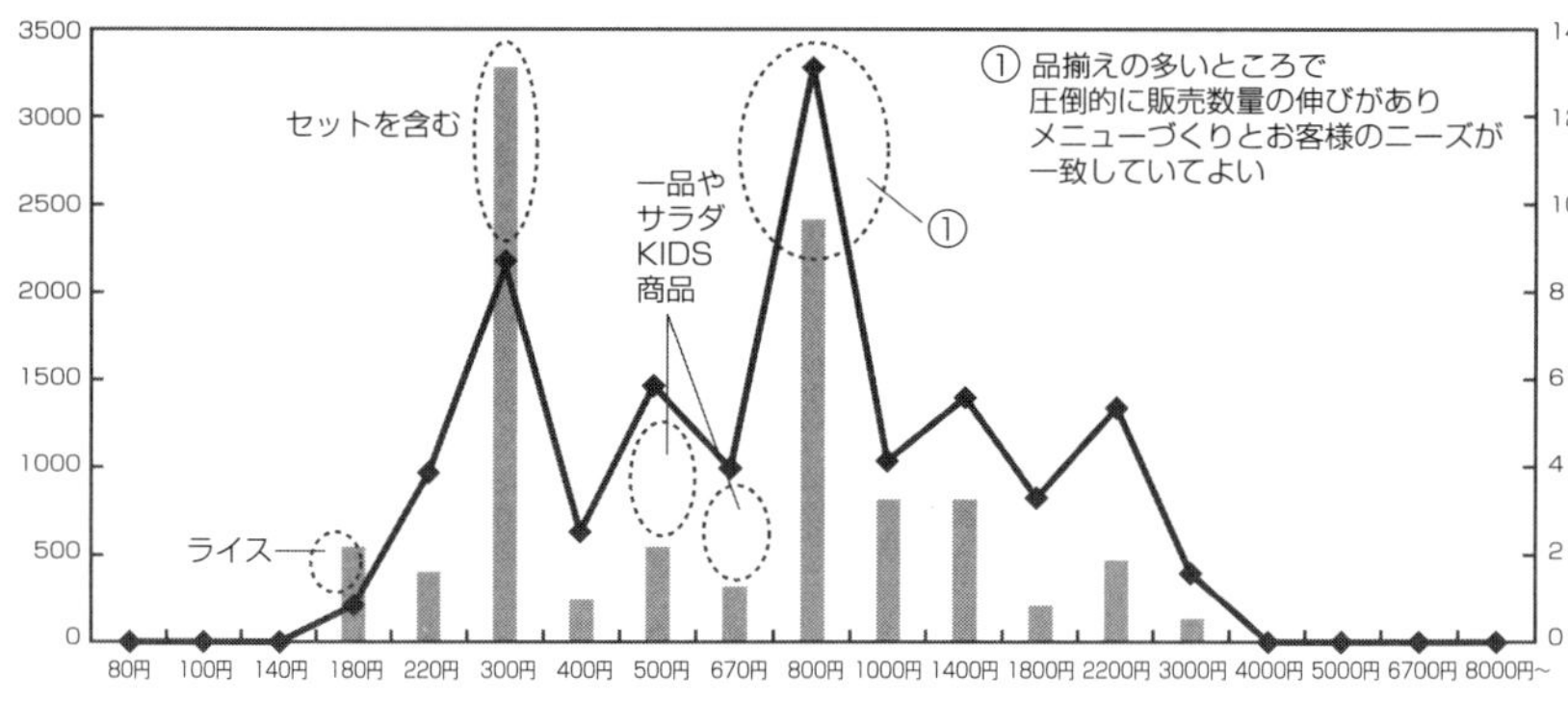

客の予算①	100			200		300	500			1000			2000	2200	3000	4000	5000	6700	8000
客の予算②		700	1000	1200	1500	2000	2500	3500	4000	5000	7000	10000	12000	15000					
根源的予算	1000					2000		3000	5000		10000								

※1．折れ線グラフが品揃えの品目数で、棒グラフが出数
※2．品揃えと出数をほぼ一致させることが重要

06

「集客原則」を徹底的に使いこなせ

アメリカの繁盛レストランの視察を20年近く続けているが、初期の頃いくら繁盛店を見ても、繁盛の理由がよくわからないことが多かった。

当時は、アメリカと日本は違うという勝手な理由をつけていたものだが、多くの繁盛店を視察し、さらに自分自身のコンサルティングを通して「集客原則」が見つけられるようになり、「なぜ繁盛しているのか」が、しだいに深く理解できるようになっていった。

●「集客原則」は眼鏡のようなもの

近眼の人が遠くを見てもはっきりと見えないが、眼鏡をかけると、遠くのものがはっきりと見える。それと同じように、「集客原則」を知っている人は、繁盛店を見ればその理由を簡単に説明できるし、自分でも繁盛店を作ることができる。

ところが、「集客原則」という眼鏡を持たない人は、いくら繁盛店を見ても、その理由を理解することができない。ましてや、自分の店を繁盛させることも難しい。

また、原則を知らずに、自分の体験からしか学ぶことができないようでは、非常にリスクの高い経営になってしまうだろう。

現在の飲食業界は、非常に成熟している。また、モデルのない時代とも言われている。だからこそ、集客原則を「常識として扱う」べき時代を迎えていると言える。

商品における、集客原則は五つある。

①ハイ・イメージをつけろ！

品揃えは、中心価格帯に35～50％集中させることによって、集客力をより高めることができる。

しかも、その中心価格帯の商品の品質や味覚イメージが高くなればなるほど、集客力はよりいっそう高まる。

そのためには、中心価格帯から1・7～2・8倍の価格帯にも少し多めに品揃えするとよい。

この価格帯で、手に届く「ぜいたく」な商品の品揃えができる。そして、そのハイ・イメージにより、中心価格帯の商品のイメージも連動する。このような商品は、全品揃えの7～11％を目安とするといい。

②本物調理をひとつ作れ！

アメリカのレストランを見て感じることは、繁盛店ほど、主力商品の調理方法が本物であるということだ。ピザはイタリア式の薪火の釜、ステーキは薪火の炉か専用のオーブン。グリドル板で焼いているような繁盛店を見かけることはない。全部とまではいかなくても、主力商品だけは「本物調理」をしている店がほとんどである。

日本の飲食店でも、同じような傾向が顕著に見え始めている。ご飯をかまどで炊いたり、ピザはイタリア式の釜で焼く。焼き鳥の繁盛店で、電気オーブンで焼いている店などあまり見たことがない。ほとんどの店では備長炭で焼いている。

③実演化せよ!

ある経営者に、超有名寿司店「銀座・久兵衛」に連れて行っていただいた。店内に入って「さすが!」と感じたことは、カウンター廻りにネタケースがなく、寿司を握る手元がはっきりと見えることだ。私の目と職人の手元との間には、それをさえぎるものが何もない。そのため、職人の技術がしっかりと伝わってくる。オープンキッチンの店をよく見かけるが、ほとんどの店が手元まで見えない。これでは意味がない。技術を感じさせる実演こそ、できたてのおいしさを感じさせる。それによって他店との差別化が明確になり、集客につながるのである。

④商品特性で一番化せよ

売れる商品があるだけでは集客にはつながらない。

それを集客力につなげるためには、商品特性の「一番化」が必要である。産地、旬、品質保証、調理方法等、その商品のおいしい理由をメニューブックなどで説明することが大切である。そのような商品特性で、競合店にはないものを付加できるような商品へと磨き込むことで一番化する。これは、「集客原則」の中でも核とも言えることだ。それほど大切なことなのだ。

⑤主力で30%を売れ!

自店の主力商品は明確であればあるほど、集客力は高くなる。逆に、何から何まで品揃えされた店は、お客様はどれもがよい商品と思えなくなってしまう。

主力商品を明確にするということは、主力商品カテゴリーの売上げを総売上げの30%を超えさせるということである。そうすることで生産性も高まり、商品品質を磨き込んでいくことにもなる。すると、担当者の技術力も格段にアップしていくなど、すべてが好循環していく。

これら五つの集客原則を、「常識として扱う」ことで、売上アップを図っていくことができるのである。

イタリア式の薪火の釜で「本物調理」を演出する

炭火で肉を焼き上げて、「本物調理」を演出する

【骨太繁盛法則（3）】

「お客さん」から「お客様」へ——「様」を実践せよ

01

「お客さん」ではなく、「お客様」が繁盛の大原則

群馬県に「サンフード」という飲食企業がある。毎年新規出店を重ね、堅実に成長を遂げている会社だ。しかも、無借金という骨太な経営を続けている。

この会社では、会議が終ると社長が自らの運転で私を駅まで送ってくださる。その際、会議に参加していた人たちは全員、事務所の外に出て私を見送ってくれる。何とも言えず、「会社の心」が伝わってくる。

社員のみなさんの見送りという「行動」に、「会社の心」が見える。そのような「心」と「行動」の一致が、無借金、堅実成長という「サンフーズ」の経営に結実している気がしてならない。

●「心」と「行動」の一致が繁盛を生む

経営の視点として、「お客様思考」というものがある。「お客様志向」と書くのが正解のようにも思えるが、「志向＝気持ちを向ける」というよりも、「思考＝思い考える」のほうがしっくりとくる。そして、「お客様思考」というお客様の立場にある「心」が、表現として「行動」に表われると、その店は繁盛という大きな結果を生み出すのだと思う。

つまり、心→行動→結果というように進んでいくのだが、そのための基本は、心＝行動でなければならない。「心」と「行動」が一致しなければ、意味がないのだ。

しかし、いくら「お客様思考」という「心」の視点があっても、実際の「行動」に「心」がまったく感じられないというギャップがよく見受けられる。では、なぜ「心」と「行動」にギャップが生まれるのだろうか？

それは、「心」から生じる「行動」が、必ずしも「心」が伝わるものではないからだ。いくら強烈な思いがあったとしても、それが相手に伝わらない限り、何も生まれてこないのは当然のことである。

●福岡の菓子店に学ぶ、お客様への思い

福岡市郊外に、お客様が途絶えることのない洋菓子の繁盛店がある。素晴らしい店という噂を聞きつけたため、その店を訪ねるために福岡を訪れたことがある。

そして店で買い物をしてみると、買った商品をレジで渡さず、私が店の外に出るときに渡し、深々と頭を下げ

てお見送りをしてくれた。非常に気持ちのいいもてなしである。まさしく、「お客さん」ではなく、「お客様」への対応であると感じた。

買い物の後、店の外でしばらく見ていると、買い物客全員に、深々と頭を下げたお見送りを行なっている。買い物客の足は途絶えることがなく、ほんの5～6分見ているだけでも、何度も同じ光景が繰り返されていた。お客様の「様」が具体的に見える光景だった。

●最優先にすべきものは何か?

ある飲食店の営業会議で、お客様のお見送りをきちんと励行することが決まった。この店ではそれまでやっていなかったことなので、従業員たちが習慣化できるように、さまざまなルールも決めた。

そして、翌月の会議で「お見送り」の実施状況を確認したところ、どの店もあまりうまくいっていないことがわかった。

店長から出る言葉はどれもほとんど同じで、「やろうと思っているのですが、できないんです。商品提供や、次のお客様の誘導などがあり、お見送りまでできる時間の余裕がないんですよ」とのことだった。たしかに、「お見送り」の励行は店にとって負担になる。余裕ある人員体制で店舗が運営されているわけではないから、完全にはできなくても当然のような気もする。

しかし、忙しいからできないというのは何かが違う。それなら、暇ならできるのかと言うと、暇なら暇で、店は経営的に困るだろう。また暇になれば、それに合わせた人員が配置されるから、やはり時間はない。「余裕のある時間」があればできるという考え方をしていたら、いつまでたっても何もできないのだ。

では、「お見送り」ができない本当の理由は何なのか?

それは、「優先順位」の問題である。

そもそも店長は、「お見送り」は現場の作業性を低下させると考えている。だから、「できるときにやればいい」という位置づけをする。つまり、「できないときにはしなくてもよい」ということになっているから、いつになってもできるわけがない。

「お見送り」の優先順位を低くしているからこそ、「心」と「行動」のギャップが生じているのである。「お客様思考」で、「心」を「行動」に一致させるには、「心」と一致させるために「行動」を最優先にしなければならない。つまり、価値観の転換が必要なのだ。飲食店店長には、新しい価値観が要求される時代を迎えているのだ。

秋田の「アジマックス」という飲食企業では、
いつも私を事務所の前で出迎えてくれる

札幌のとんかつ屋・玉藤は、
お客様を外までお見送りしている

02 「店長はご用聞き」と考えるのが繁盛の原則

店長はオペレーションリーダーである。オペレーションリーダーとは、店の業務や接客、調理などを効率よくスピードを保ちながら作業できるように、従業員に指示・命令をしていく立場にある人間のことである。

とくに接客は、「フロアーコントロール」という技術が大切になる。お客様の流れを見ながら、接客担当者に適切に指示を与え、下げ物や料理の提供、テーブル確認、お冷廻りなどを効率よく行ないながら、調理に負担がかからないように、新規客の店内誘導を行なっていく。

従来、この「フロアーコントロール」は、店長に要求される最大の技術だった。しかし、そのような時代は終った。生産現場でも、流れ作業で作業を均一化して大量生産をする「フォード方式」は、もはや過去のスタイルになってきている。現在は、トヨタやキヤノンに代表される、1人で複数の作業を担当する「セル方式」が生産方式の主流だ。この方式では、問題が発生した場合、チームの人間が集まって「衆知結集型」で解決している。

●飲食店でも「周知結集型」で問題解決を!

飲食店でも、この問題解決法が注目されつつある。

従来は、店長＝リーダーによる指示、命令にしたがった運営で、個々の従業員は均一化された単純作業を繰り返してきた。しかし、今後は個々の従業員がそれぞれお客様の満足度を高めるために行動し、さらに改善していくためにチーム内で話し合っていくべきなのである。

そして、店長の仕事は従業員に指示、命令することではなく、従業員たちの仕事がうまくいくようにサポートしていくことが求められているのである。

なぜ、このような変化が求められているのか? それは、お客様がヘビーユーザー化して要望水準が高まっているからだ。現在のお客様は、以前のお客様とはまったく違う存在だと思ったほうがいいほどである。

そう考えると、とくにピークタイムに必要だった「フロアーコントロール」は店長の中心業務ではなくなっている。あくまでも、仕事のひとつと考え直す必要がある。

現在の店長のピークタイムにおける中心業務は、「ご用聞き」になっているのだ。

●店長は「ご用聞き」と自任しよう

飲食店の仕事としては、「ご用聞き」とは聞き慣れない言葉だと思う。また、現在では「ご用聞き」という存在は、あまり見かけないものになっている。

しかし、アメリカでレストラン視察をしているとよく見かけるシーンがある。店長がテーブルを廻ってテーブルのお客様と話をしている光景である。最初は、常連客への挨拶かと思ったが、よく観察していると、どのお客様にも挨拶をして話をしている。

ある繁盛レストランの店長に、その理由を聞いてみた。すると、その店長の答えは――店長としての大切な仕事として、「お客様とのコミュニケーション」があるから、というものだった。そして、店長はその際に、次の四つのポイントがあると教えてくれた。

①挨拶を行ない、来店への感謝の気持ちを伝える
②料理やサービスの不満や要望を確認、対応する
③お客様が笑顔になるように、「満面の笑み」で接する
④自己紹介を行ない、お客様の名前を聞いてしっかりと覚え、名前を呼ぶようにする

この繁盛レストランの店長は、お客様の要望を聞いて回っているのだから、「ご用聞き」をしているわけだ。「ご用聞き」は、店長にとって重要な仕事なのである。

●「ボトムアップ」型の経営を目指せ！

「ボトムアップ」型の経営とは、現場の従業員からの意見を集約するものである。この逆の形が「トップダウン」であり、上意下達式に上層部の意見を現場に伝えていくものだ――このような説明が一般的にはされているが、私は少し違うと考えている。

「トップダウン」は、机上で考えたことや店の都合で決めたことが現場で実施される。そして、「ボトムアップ」はお客様の具体的な要望、潜在的な要望を見出し、そこから具体的な施策を決める経営である、と。

いくら現場からの声であっても、それが店の都合から生じたものなら「ボトムアップ」にはならない。逆に、経営者が自店や自店以外のさまざまな店の経営を見て、お客様のニーズをつかむ努力をして、その対応を考えて施策を実行することは「ボトムアップ」である。

もちろん、施策の実行には現場も参加した「衆知結集型」がいいが、店長自身が「ボトムアップ」で店を運営していくには「ご用聞き」になって、お客様に直接接することが、繁盛店への正攻法であり近道でもある。

店長が「ご用聞き」となるための視点とは？

● 店長の視点 ●

	今までの店長視点	これからの店長視点
基　本	●上からの指示を待つ ●自らは考えない	自ら考えて工夫を実践する
役　割	フロアーコントロール （指示とコントロール）	動機づけ （目標設定と、そのサポート）
部下育成	① 初期教育のみで完成 ② 早期育成	① ３ヶ月単位での教育を継続（レベルアップ） ② より技術を伸ばす
部下への対応	第一線のメンバーに対して指示のみ、全体の１人として扱う	メンバーの個々人と個別で話し合い、個人の力を伸ばす
サービス	●オペレーション中心 ●指示中心	●お客様中心 ●自らがご用聞きとなる
商　品	●標準的で大きな特徴はない ●売れ筋価格の発想	●超お値打ちやごちそう感で特化した商品があり、メリハリがきいている ●手に届くぜいたくの発想
責任の所在	会社や本部に責任があると考える ↓ 他社依存 ↓ サラリーマン発想	自らの現場で考えて実践する ↓ 当事者意識 ↓ 経営者発想

03 お客様とのコミュニケーションからすべてが始まる

カジュアル衣料品チェーンGAPは日本でも店舗展開しているが、アメリカ最大の衣料品メーカーである。7～8年前、私はGAPでボタンダウンのシャツを買ったのだが、商品をレジで渡すと担当の女性は「お客様にこのシャツは似合いますね。それに、カジュアルでもビジネスでも着られますから、すごく便利なアイテムですよ」と言って笑顔を向けてくれた。多少の気恥ずかしさも感じたが、非常にいい気分になったことを覚えている。

●お客様に「同調」しなさい!

ほめられて悪い気分になる人はあまりいない。しかも、ほめられると、その人は自然に笑顔のやさしい表情になる。私はサービスという仕事は、作業の内容を求める前に、このレジの女性のように「お客様を笑顔にする」ことが重要だと考えている。

飲食店の場合、お客様が注文をするときが、一番長く従業員がお客様の近くにいる。だからこそ、この注文時が重要になってくる。そして、このときに成功の鍵となるのは、お客様と「同調する」ということである。

注文を聞くため、お客様のもとへ行ったとき、注文に迷っているとしたら、あなたならどうするだろうか?

その対応の原則となるのが、「同調」である。

「ご注文が決まりましたら、お呼びください」と言ってテーブルを離れてしまうのは、お客様に「同調」していない。サービスとは言えないレベルの接客である。

お客様の迷いに自分の気持ちを合わせて、「お客様、よろしければ、おすすめのメニューの説明をさせていただけませんか?」と言ってあげてほしい。多くのお客様は、「お願いします」という返事をしてくれるはずだ。

すぐにテーブルを離れる店員より、言葉をかけてくる店員のほうに、お客様は好印象を持つものだ。

そして、お客様が商品を注文する際、「そのメニューはおいしいですよ」とか、「それは一番人気があります」といった具合に、注文に「同調」した言葉を投げかけることで、さらにお客様はよい気分になれる。

これが「同調」サービスなのである。

お客様の目を見て「にこっ」と笑い、喜んでいただけそうなことを言う。これが「同調」サービスの基本だ。

●サービスの基本原則となる「鏡の法則」

「お客様を笑顔にする」ことが、サービスの大原則となる。「同調」サービスはそのひとつの方法だが、一番の大切な基本原則は「鏡の法則」である。

この「鏡の法則」とはどういうものか？　あなたが鏡に笑顔を向ければ、鏡にあなたがあなたに向って笑顔を映す。これが「鏡の法則」であり、自分が与えたものが、自分に与えられるということである。具体的に言うなら、「お客様を笑顔にする」のがサービスの大原則になるなら、あなた自身が笑顔で対応しなければ、お客様は笑顔にならないということだ。

逆に、お客様の笑顔で従業員が笑顔になるような店では、サービスしているのはお客様ということになる。そして、現実としては残念ながら、お客様にサービスされている店は意外に多いということである。

では、お客様と向かい合ったときに笑顔になるという、それで本当によいのだろうか？

あるとき、私は1時間ほど時間の余裕ができたので、簡単な仕事をこなそうと思って、近くにあったマクドナルドに入った。そして、飲み物を買ってテーブルに座り、何気なくレジに目を向けたのだが、接客している従業員の応対が、強烈な印象を持って目に焼きついた。

少し年配の女性のお客様がレジの前に立っていた。そのお客様には店長らしき女性の従業員が応対していたのだが、お客様と目が合ったときは笑顔だったが、お客様が注文のマットに目を下げるや、その店長の表情は真顔に変わっていたのだ。そして、イライラとした表情を隠すことなく、店内を見渡し始めた。

そのとき、私は非常にイヤな感じがして不快だった。そして、改めて気づいた。

お客様と目が合っているときだけの笑顔は、どうやらニセモノ臭いということだ。それは心からの笑顔ではなく、つくりものでしかないからだ。イライラとすることはあるかもしれないが、接客するときは、いつも優しい表情で応対することが要求されるのである。

そのような表情を、私は「笑顔感」と呼んでいるが、そんな表情が店内をおだやかな感じにするコツになのである。「笑顔感」で働き、お客様に「同調」するために目を見てにっこりと笑って、お客様の喜ぶことを言う。

そのような「行動」の基本には、「お客様を笑顔にする」という「心」がなければならない。

「サービスの視点」を転換させるポイントは？

● サービスの視点 ●

	今までのサービスの視点	これからのサービスの視点
切り口	定型サービス	個別対応（感）サービス
方法	接客用語の最小化 （7 大用語）	基本用語＋個別対応会話
大切なポイント	① 礼儀正しさ ② 定型の言葉と態度 ③ 処理スピード	① アイコンタクト ② 満面の笑み ③ お客様の 1m 以内
求められる技術	① 作業スピード ② 定型の言葉・態度をくずさない ③ 店長指示への協調性	① お客様を覚える ② 会話をする ③ 知識（商品説明・味など）
求められる態度	お客様の前だけ笑顔	どんなときも笑顔感（やさしい表情）で働く
お客様との接点	復唱サービス ① 注文を繰り返す ② 不必要な言葉は言わない	同調サービス ① お客様の注文をほめる ② 注文品に対する自分の意見を持ち、必要時には話す

04 繁盛の原則「2対8の原則」を活用せよ！

メニューの数値分析の基本のひとつに「2対8の原則」というものがある。この原則は、上位20％の商品が売上げの80％を占める」ということである。

飲食店のメニューの数値分析をしてみると、多くの場合、この「2対8の原則」通りの配分構成になる。

そして、この「2対8の原則」の考え方は、メニューの数値分析だけでなく、飲食店経営の他のシーンでも応用することができる。

たとえば、店の課題は全部解決しなくても、20％の重要な課題を解決することができれば、残りの80％の課題が解決できる場合もある。

●「心」のカテゴリーを独占せよ！

お客様の成熟はどんどん進んでいる。それに応えるためには、「専門店化」の強化を考えることが大切だが、専門店化とは「主力商品のカテゴリーを作ること、強めること」が重要な課題となる。

また、成熟したお客様の要望は商品以外のサービスに対しても高まることは、言うまでもない。それでは、お客様は自店のサービスにどの程度、満足していただいているのか？　また、現在の顧客が満足しているレベルのサービスも、そのうち当たり前のものとなり、競合他店との差別化ができなくなることは時間の問題だ。

しかし、サービスがいったんお客様の「心」の中に入ってしまえば、好印象はなかなか消えないものである。

売上アップのためには、主力商品のカテゴリー強化が求められているが、サービスでは顧客満足という「心のカテゴリー」を独占していかなければならない。

しかし、すべてのお客様の「心のカテゴリー」を独占することは難しい。そこで考えるべきことが、サービス面での「2対8の原則」の活用である。

上位20％のお客様、つまり顔のわかる固定客の「心のカテゴリー」を独占すれば、残り80％のお客様の「心のカテゴリー」をつかむことにもなるのである。

●お客様を「あなただけ」という気持ちにさせる

そのためにはどうすればいいのか？　見覚えのあるお客様に「あなただけ」という印象を与えることがその早

道になる。よく、「お客様に感謝の心をもって接客する」ということを聞くが、ある意味「心」よりも大切なものがある。それは「言葉」である。「心」よりも「具体的な態度」、「具体的な態度」よりも「言葉」が、お客様の「心」の中に強く入り込んでいくからだ。

サービスでお客様の「心」の中に入る言葉は、「あなただけ」という視点が大きな効果を上げる。そして、お客様に「あなただけ」の言葉と思わせるためのポイントとして、以下の五つが挙げられる。

①第一印象の言葉

満面の笑みでお客様をお迎えするときの、「寒い中、ありがとうございます」「お帰りなさい。お待ちしておりました」といった言葉。また、「いらっしゃいませ」だけで終らせず、続けて「いつもありがとうございます」と言うことで、お客様を「あなただけ」という気持ちにさせることができる。

②席に案内するときにかける言葉

「素敵なジャケットですね、よくお似合いです」「今空いている席で、こちらが一番いい席だと思います」「本日のマグロは青森・大間からの入荷です。おいしいですよ」など、お客様と一対一感を持って声をかける。お客様と1m以内の距離で声をかけることも効果的だ。

③注文の際の言葉

「ご注文いただいたハンバーグはおいしいですよ」「おすすめをご説明させてください」「雨の中、ご来店ありがとうございます」と注文の際には、お客様と1m未満ほどの距離で、お客様よりも視線を低くして、そのお客様のためだけの言葉を添える。

④お客様に呼ばれたときの対応の言葉

「はい、すぐにまいります」がベスト。「あなただけ」の切り口には「はい、すぐに」という言葉が大切で、「少々お待ちください」は好ましくない。

⑤「残印象」の言葉

「ありがとうございます、またのお越しをお待ちしております」と深々とおじぎをして元気を込める。また、「足元がすべりやすいので、気をつけてお帰りください」というように、お客様に気を遣ってかける言葉は、「あなただけ」という気持ちにさせることができる。

これらの五つの場面に、とくに集中することが必要だ。的を絞った「あなただけ」を心がけ、「言葉」を優先させて、「言葉」で感謝の気持ちを伝える。そのことで、競合他店との差別化を図っていくことができる。

お客様に「あなただけ」と思わせるポイント

	“あなただけ”の視点
第一印象の言葉	満面の笑みで、お客様の 1m 以内に近づく ①「毎度」 ②「こんばんは、いらっしゃい」
席案内の途中の言葉	親しみの感じを伝える ①「上着をお預かりしましょうか？」 ②「ひざかけ、お使いください」 ③「今日は暑かったですよね」
注文時の言葉	注文をほめる ①「あっ、それ、私も好きなんです。おいしいですよね」 ②「今日の○○○、うまいよ」
反応の言葉	お客様優先での対応 ①「はい、すぐに参ります」 ②「はい、ただ今！」
残印象の言葉	感謝を具体的に表現する ①「○○さん！　また来て下さいね。お待ちしています」 ②「○○さん！　いつもありがとう」

05

リピーターを囲い込むことで売上げを伸ばせ！

非常に意欲的で、自店を「一番店」にしたがっている経営者がいた。私が相談を受けたのは、7年ほど前のことだ。

「来月までに、今まで実践したお客様アンケートからお客様名簿を作れますか。その名簿から販売促進を進めたいのですが」と提案すると、その方は元気よく、「がんばります」と返事をした。しかし翌月、名簿の件をたずねると、返ってきたのは「できていない」という言葉だった。その経営者は毎日、調理責任者として仕事していたので、当然のような気もしたが……。

●「時間」が作れない店はどうするべきか？

毎日の仕事に追われ、新しい取り組みがなかなかできない店も少なくない。仮に、500人のお客様の名簿をパソコンに入力するのはかなりの時間がかかる。コストを考えても、手づくりのDMで特典を郵送したとしても、葉書代だけでも4万円かかる。時間が作れないからと専門業者に依頼すれば、8万円くらいは簡単にかかってしまう。年間、5～6回DMを発送すれば、これもばかにならない費用である。

折り込みチラシにすれば、一度に何万人ものお客様に告知できるが、費用は15～20万円はかかる。

時間が作れない店は、積極的な売上アップ策に挑戦できずにいるのが現状である。「小」は「大」に勝てないと、ごまめの歯ぎしりをするしかないのか……。

●再来店客だけで売上げは上がった！

そんなことはない。一例を挙げよう。

たとえば、私の顧問先で携帯電話のメールを利用して販売促進を行なった方がいる。来店したお客様にメール会員に入会していただき、月に1～2度、特典や商品情報のメールをお客様に送信しているのだ。

その話を聞いて、月末の金・土・日の3日間に対象商品を30％割引にする販売促進策を考え、年間計画を立てて実施してもらった。

その結果、スタートから3ヶ月を過ぎた頃から、目に見えて売上げが伸びるようになってきた。そして、月間売上げが対前年比10％増という月が何ヶ月も続いていった。現在その店では、携帯メールによる販売促進策が効を奏し、1年8ヶ月の間、月間売上げが対前年比10～25％増という状態が続いている。

このケースは一見、30％ＯＦＦの特典が効いているようにも思えるが、私には大きな発見があった。

その携帯メールの会員であるお客様は、ほとんど既存客であるということだ。既存客に対する販売促進で売上げが伸び続けているということは、「既存客の再来店化」を強化すれば、対前年比10～20％程度の売上アップは決して夢ではないということだ。

一般的には、新規客を開拓していかなければ、売上げは伸びていかないと考えられている。

ところが現実には、既存客の再来店を促すことで、大きな売上げを作ることが可能なのだ。

●既存客を囲い込め！

アメリカ、コネチカット州に「ミッチェル」「リチャーズ」という超繁盛衣料店がある。二代目社長でＣＥＯ（最高経営責任者）のジャック・ミッチェル氏が書いた『94％の顧客が「大満足」と言ってくれる私の究極のサービス』（日本経済新聞社刊）がベストセラーとなり、日本でも有名な店である。

私は、「顧客満足の神様」と呼ばれるこのミッチェル社長にインタビューさせていただいたことがある。

彼が開口一番言ったことは、「１００人のお客様の名前が言えますか？」というものだった。「ミッチェル」「リチャーズ」の2店では、従業員すべてがそれができるから、大きな売上げを作っているのだと言う。

そして、ミッチェル社長はお客様の許可を得てから、パソコンに入力された「お客様情報」を見せてくれた。

そこには、お客様の名前、ニックネーム、住所、趣味、出身校、子供の名前、会社名、購入履歴などが記入されていたが、お客様との会話を通して知り得た情報は、すべて入力しているのだと言う。

そして、お客様が来店したら、パソコンに入力されたそのお客様の情報を確認してから、接客にあたっていると言う。つまり、「ミッチェル」「リチャーズ」では、既存客を徹底的に囲い込むことで、世界的に有名な「超」がつくほどの繁盛店になったわけだ。

既存客の囲い込みと言っても、まずはスタンプカードや携帯メールでの販売促進から始めればいい。そして効果を見ながら、「既存客の再来店化」をさらに強化していけば、繁盛店への道につながることは間違いない。

携帯メールによって、お客様の再来店を促すことができる

メールを送ってお得情報ゲット！
特典①
その場で使える！
本日のみ限定！クーポンプレゼント
精算時１０％ＯＦＦ
※ ご本人様のみ ※
特典②
フェア情報お知らせ
メール会員限定！サービスクーポン配信
サービスキャンペーンや新メニューをいち早くお知らせするとともに
サービスクーポンを配信いたします。
下記のアドレスに空メールを送信！すぐにクーポンメールが届く
fcfd@agaru.jp
クーポンメールが届いたらスタッフへご提示下さい。その場でクーポンが使えます。
＊メールの受信拒否を設定の方は、agaru.jpのドメイン指定受信をしてください。
＊ご登録いただいたアドレスは配信目的以外に使用することはございません。
今すぐアクセス
登録無料！
※QRコード対応の
携帯電話で
簡単メール！
※大谷地店のみ有効※

06 小予算で集客せよ！

この10年間で瞬く間に普及した携帯電話だが、本来の電話機能だけでなく、さまざまなシーンで活用されている。

飲食店業界では、携帯サイト「ぐるなび」などが携帯電話を使った販促ツールの代表である。しかし「ぐるなび」は、繁華街に立地していたり大手チェーン店であるほうが効果が高いようだ。立地に恵まれていなかったり、販促にそれほど経費がかけられない店では、販売促進に有効な別の方法を考えたほうがいいだろう。

●「3回安定、10回固定の法則」を活用せよ！

「小」だからこそ、「大」に勝てることもある。そのための集客は、「既存客の再来店化」がポイントとなる。

お客様は、ある店に比較的短期間に3回の来店をすると、その店にとって来店頻度は低いなりにも「安定的」なお客様になると言われる。そして、比較的短期間に10回の来店があると、そのお客様は「固定客」となり、一定の来店頻度で継続的に来店するとされる。これは、「3回安定、10回固定の法則」と呼ばれる原則だが、安定客、固定客の再来店こそ、売上アップにつながる。

また、新規客獲得に比べて「再来店化」のほうが、経費的にも安く抑えることができる。さらに、「ぐるなび」などで来店した新規客は、クーポン目当てのバーゲンハンター的な1回限りのお客様になりやすい。その結果、コスト高になりがちなのである。

ちなみに、私のお付き合い先の飲食店の場合でも、どちらかというと「ぐるなび」は新規客型傾向が強いようだ。

●小さな店に携帯電話メールの効果は抜群！

そこで有効なのが、前項で述べた、来店したお客様にメール会員になっていただき、月に1~2回割引特典のメールで送るという単純な仕組みの販売促進である。

私は、ある飲食企業のコンサルティングを始めたとき、開店以来6年間、月ベースで1度も利益の出ていない居酒屋を重点対象とした。メニューを大幅に変えて、主力商品のカテゴリーを明確にして品揃え強化をした。逆に、生産効率の悪い商品カテゴリーは思い切ってカットした結果、売上げは順調に伸びていき、対前年比5~10%増となり収支トントンベースにまでなった。

その段階で、さらなる売上アップを図るべく、チラシによる販売促進を提案したのだが、予算的に難しいということになった。そこで、携帯メールによる販売促進を立案したところ、店長の努力もあり、前述のように大成功を収めることになったのだ。

この携帯メールによる販売促進策は、まさしく「3回安定、10回固定の法則」に則ったものだ。

これは、「小」が「大」に勝つための実践的な販売促進策だと実感し、さらに低コストにするため、私は自分の会社で「携帯電話メール販促」のシステム開発に取り組んだ。その結果、誕生したのが「飲食店様専門メール販促　ダントツ」であり、月間3500～6500円という低費用で、現在では200店を超える飲食店に加盟していただいている。

●2種類のスタンプラリーが効果を上げた店も

千葉県に「赤門　凱旋門」という焼肉ファミリーレストランチェーンがある。超繁盛店だが、このチェーンではスタンプラリーをうまく活用している。「赤門　凱旋門」チェーンが繁盛しているひとつの要素は、このスタンプラリーにあるとも言える。期間は、その年4月から翌年3月までの1年間が原則だが、1年間のスタンプ累計数によって得点が変わっていく。

そして、さらにもうひとつの工夫がある。1年間の累計の特典だけでは、お客様を来店させる動機づけとして弱いので、それをカバーするために、来店ごとにもスタンプを押している。4～5回の来店で特典がプレゼントされるのだ。また、スタンプカードの1年間の累計金額によって、翌年からVIP会員となり、1年間5％割引の特典までつくように工夫されている。

お客様が、1年間に使った金額によって特典が変わってくるため、売上対費用は低く抑えることができる。しかも、「再来店化」を強化することができる販売促進策でもある。さらに、短期的に売上アップを図っていきたい場合でも、「3回来店型」スタンプラリーは効果がある。来店3回目で10～20％ほどの割引特典をつけることで、大きな集客力を生むことができるからだ。

スタンプラリーの台紙は名刺程度のサイズで簡単に作れるため、小さな店にとって非常に取り組みやすい試みでもある。スタンプラリーも、低コスト小規模で、大きな売上アップ効果が期待でき、「小」が「大」に勝てる効果的な販促方法なのだ。

小コストで集客できる「携帯メールによる販売促進」

わが会社の「飲食店様専門販促　ダントツ」

飲食店様専門
メール販促
ダントツ

携帯メール販促
「ダントツ」ＦＡＸ通信
2007年秋号
Vol.22

ダントツ会員の皆様へ

今年は、連日の猛暑日、最高気温更新、熱中症と文字通りの記録的暑さの影響が全国に広がりました。9月になりますので、そろそろ秋の準備へシフトしましょう。旬の食材や行事が多い秋です。是非、活かしましょう。

●旬食材を使ったメニュー販促をﾛﾝｸﾞﾗﾝで仕掛けて来店頻度ＵＰをめざしましょう。

●秋の歳時記や行事に絡めた企画にﾁｬﾚﾝｼﾞしましょう。客層が広がります。

季節のキーワード　～秋 編

メンズバレンタインデー（９/１４）・敬老の日（９/１７）・お彼岸（９/２０～）

体育の日（10/8）・文化の日（11/3）・七五三（11/15）・勤労感謝の日（11/23）

栗・きのこ・松茸・銀杏・さつまいも・さんま・かんぱち・もどり鰹

山菜・新米・秋の七草・梨・ブドウ　・柿・ボージョレーヌーボ

メール書き出し例文

季節のｷｰﾜｰﾄﾞを使った例文です。

是非参考にしてくださいね。

９月１４日は
“メンズバレンタインデー”です。
・・・・・・・・・・・・・・・・・・・・
こんにちは。〇〇店の店長の◆◆です。９月１４日は、メンズバレンタインデーです。男性が女性に愛を告白する日だとか。男性諸氏、彼女にアタックするチャンスですよ。

当店では、“男性から女性へ、日頃の感謝の気持ちを伝える日”として、１７日、１８日の２日間フェア開催します。なんとっ！
◆◆◆◆◆◆◆◆◆◆◆◆◆◆◆◆◆◆
カップルで、友人で、同僚で、ご夫婦で・・・など、男女でご来店の方には飲食代金２０％割引しちゃいます！(^_^)v
◆◆◆◆◆◆◆◆◆◆◆◆◆◆◆◆◆◆

１１月１日は、寿司の日
・・・・・・・・・・・・・・・・・・・
こんにちは、◆店の◎◎です。すっかり秋らしくなりました。皆さんはどんな秋ですか？当店は、美味しい秋を提供します。１１月１日は「すしの日」です。この日にちなんで、
■■■■■■■■■■■■■■■
すしメニュー全品２０％ＯＦＦ！

１１月１日～４日まで開催します。
■■■■■■■■■■■■■■■
さらに、フェア期間中、ユニークなこだわり寿司７品も登場します。これだけで、お食事メニューとしても喜んでいただけるはず!!　乞うご期待！ご家族とも一緒にどうぞ！

食欲の秋です!!
・・・・・・・・・・・・・・・・・・
新米のふっくらツヤツヤご飯と旬のおいしい焼魚なんていかがですか？

期間限定で旬の魚、脂ののった焼きサンマにすだちをかけてどうぞ！
＼(^o^)／
新米のホカホカご飯と香の物でしめて下さい。

次回メニューもお楽しみに・・・!!
●●●●●●●●●●●●●●●●●
先着、５００名様に新米プレゼントしちゃいまぁ～す

～　きのこの季節　～
・・・・・・・・・・・・・・・・・・・・
猛暑だった今年の夏もようやく影をひそめ、ずいぶん空が高くなってきましたね。

さて、秋の味覚といえば　きのこ♪

〇〇店ではイタリア産のポルチーニ茸をたっぷり使った、甘い香りが自慢のきのこリゾットがメニューに加わりました。

ぜひこの機会に〇〇店にいらして下さいね☆

ご来店を心よりお待ち申し上げております(^_^)

あっと 売上が あが～る
@agaru.jp

発行元：ＴＦＣ ㈱タカギフードコンサルティング
携帯メール販促事業部
〒532-0011 大阪市淀川区西中島1-14-17
TEL:06-6889-3560 FAX:06-6889-3570
E-mail:info@takagifood.co.jp　　担当：吉田、中田

【骨太繁盛法則（4）】

店に「顔」を作れ

01 店に「顔」を作れば売上げは伸びる！

あなたの店は、どんな飲食店で「何屋」だろうか？

これは、焼き鳥屋とか寿司屋、パスタ店といった、業種的な「何屋」かを聞いているわけではない。もう一歩踏み込んだ意味での「何屋」かを聞いているのだ。この「何屋」かを明確にすることによって、店に「顔」を作ることができる。そして、店の「顔」を作れば、売上げは簡単に伸ばしていくことができるのである。

●入りにくい店とはどんな店か？

もし、店名だけが表示された店があるとする。そんな店に、あなたは気軽に入って行けるだろうか？ 銀座や大阪・北新地に代表されるクラブなどがその典型だろう。以前、ある経営者に連れられて、店名しか表示されていないクラブに行ったことがある。だが、たまたま通りかかって、看板だけの店に入ろうとはまったく思わない。日頃、行き慣れていないクラブだけが入りづらいというわけではないのだ。

寿司屋でも同じである。暖簾がかかっていて、入口の戸はすりガラスで店内は見えない。暖簾から、店名と寿司店であることはわかるが、これだけでは入ってみようという気にはなれない。

入りにくい店の特徴としては、

①間口が小さい
②店内が見えない
③業種名しか表示されていない
④業種名、店名の表示が小さい
⑤店頭が暗い

などがある。

逆に、この五つの特徴は、「目的来店性」を高めたい店にとっては必要条件となる。再来店客や口コミ客などしか来店しないわけだから、ターゲットを明確にすることができるのだ。

ただ一般的な飲食店では、新規のお客様が入りやすい店にしなければ売上げは作れないのは、言うまでもないことである。

●店に「自己紹介」をさせよう！

私たちは初対面の人に会った場合、まず自己紹介から始める。お互いに年齢や出身地、趣味、特技などを相手に印象づけることで、スムースなコミュニケーションのきっかけとなる。店の場合も同じである。

店の前を通ったお客様に「自己紹介」をすれば、入ってみたいという気持ちにさせることができる。そして、新規のお客様が思わず入りたくなる店の「自己紹介」のコツとは、入りにくい店の逆を考えればいい。

①間口を大きく見せる

間口の幅全部を使うくらいの看板や暖簾を設置してもいい。前を通るお客様に、店の存在をはっきりと訴えて興味を持たせる。また、入店の動機づけにもなる。

②店内が見えるようにする

店内の一部が、店先から見えるようにする。メインとなる商品や調理が見えれば、集客には効果的だ。焼き鳥屋なら焼き鳥を焼いているところ、寿司屋なら寿司を握っている職人が見えればインパクトがある。

③業種名に「強み」をつける

たとえば焼肉店の場合、おすすめの肉が黒毛和牛であるなら、「『黒毛和牛』焼肉の○○」と表示する。その店の「強み」と「何屋」であるかということをはっきりとさせることは効果的だ。焼肉屋という「何屋」から、一歩踏み込んだ「『黒毛和牛』の焼肉屋」となるからだ。

④業種名、店名の表示を大きくする

業種名や主力商品などは、大きく表示したほうがいい。「『黒毛和牛』焼肉の○○」なら『黒毛和牛』を大きく表示することで、お客様に強い印象を与えることができる。それが、入店への欲求に変わっていくからである。

⑤店頭を明るくする

たとえは悪いかもしれないが、お客様を「虫」だと思えばいい。「虫」は光に集まるが、お客様も「光」＝明るさに集まってくるからだ。店頭の間口いっぱいを使って、全面を明るくすることで大きな集客力が作れる。

自店の店頭に立って、この五つのポイントをチェックしていただきたい。そして、新規のお客様の立場になって、改めて自分の店を眺めていただきたい。

明確に「何屋」であることが伝わってくるだろうか？

この店で、どんな料理やサービスが提供されるか、想像することができるだろうか？

自店に「顔」ができていれば、新規のお客様が入店しやすい店構えになっているはずだ。そして、店に「顔」を作れば、確実に売上げは伸びていくはずだ。

間口を大きく見せることで、集客力は高まる

大きな看板で自分の店の「強み」を強くアピール！

02 新規客獲得のコツは、入口の「顔」づくりだ！

売上げは伸ばすためにも、店に「顔」を作るべきである。ここでは、もう少し具体的に「顔」を作るためのコツについて考えていきたい。

●「印象」を最大限に活用せよ！

私が5年以上、売上げと利益アップに対するアドバイスを行なっている焼き鳥中心の居酒屋がある。人通りの激しい道沿いにボーリング場があり、その脇を曲がってしばらく行くとその店はある。

私にとっては通い慣れた道だったが、あるとき、曲がり角を通り過ぎてしまった。ボーリング場がリニューアルのため、工事用フェンスがぐるりと張りめぐらされていたからだ。それで、考えごとをしながら歩いていた私は、その曲がり角を見過ごしてしまったのだ。

しかも、かなり通り過ぎてからやっと気がついた。ボーリング場という目印が消えただけで、通りなれた道でさえ迷ってしまうこともある。また、更地になっている土地を見て、以前はどんな建物が建っていて、そこに何があったのかを思い出せないことも少なくない。「印象」というものは、それほどはかないものなのだ。

つまり、店がお客様に対して強烈な「印象」を与えない限り、その店の存在すら知らないままになっていることも多いのである。また、強烈な「印象」を与えてその力を存分に活用しないと、その店に入ってみたいという動機づけもできないと考えられる。

とくに、店の入口周りに強烈な「印象」を作らなければ、新規客の獲得はままならないと考えていいだろう。

●入口の「顔」づくりが新規客を生む

入口の「顔」づくりは、新規客を呼び込むために心を配らなければならないことである。では、どんな入口の「顔」を作らなければならないのか？

入口に「顔」を作るコツは次の四つである。

①入口は明るくする

店頭の明るさは、新規客の不安感を消し去る効果がある。少なくとも玄関、できれば店の間口全体を明るくすることができれば新規客も入りやすくなる。

②看板は大きくする

店の看板は、大きければ大きいほどよい。大きな看板は、店の玄関や間口より大きいという「印象」を与える。

つまり、看板を大きくするだけで、新規客は入りやすくなるのである。逆に、看板が小さいほど、新規のお客様はその店の料金を高いと感じたり、入りづらい「印象」を持ってしまうのである。

③アイ・キャッチが必要

店頭周りを真横から見たとき、店から少し飛び出したアイ・キャッチを作るといい。たとえば、店の玄関の上に看板を設置しているとすると、その看板は建物にくっつけた形ではなく、上部は建物から50~70cmほど前方に離し、下部だけを建物につけるように設置する。それにより、平面的な店頭周りに立体感が演出されて、お客様の視線が自然にそちらに向くようになる。店頭から少し前方に照明器具を設置するのも効果的だ。

さらに、玄関前に暖簾をつけても立体感が生まれ、お客様の視線をつかむことができる。ただし、暖簾は大きなものにすれば目立つのはたしかだが、逆に入りづらくなるので注意が必要だ。玄関のサイズの1／3以内に留めておきたい。

④店名をわかりやすくする

新規のお客様に強い「印象」を残すには、店名のわかりやすさも非常に大切な要素となる。読みづらい漢字で店名をつけている場合、その店の横をお客様が通っても、お客様の印象には残らない。英語や外国語の店名も同様である。

そのような場合、ひらがなやカタカナで、店名にルビを振るような工夫が必要だ。店名を見た瞬間、何らかのイメージが浮かぶなら、お客様は「なじみ感」を持てる。それが、入りやすさを作ることになる。

逆に、「目的来店性」が非常に強い店は、これら四つのコツの逆を行なうことで、ターゲット客だけを選択することが可能となる。

しかし一般的には、ある程度「目的来店性」の高い店にしても、新規のお客様を獲得するためには、これら四つのコツが基本になってくる。

営業年数が長いほど、新規客も含めて、多くのお客様が自店のことを知っていると考えがちである。しかし、そんなことはまず考えられない。

自店の前に立って、入口の「顔」がお客様にとってはっきりしているかどうか、これらの四つのコツでチェックしてほしい。

第2法則　新規客獲得のコツは、入口の「顔」づくりだ！

店頭のアイキャッチで集客力を高める

入口でも、自店の「強み」を強調する

03 売上アップには、店内の「顔」づくりが必要！

先日、お付合い先の飲食企業で、主力メニューの磨き込みするための試食会を実施した。その企業は、焼き鳥を主力とした居酒屋チェーンである。試食をしながら店内を眺めていたところ、何か物足りなさを感じた。しかし、そのときにはその物足りなさの原因が何かはわからなかった。

●360度の視点で満足度を高めろ！

試食会を終えてから、担当部長と店の近くに新しくできたピザ屋で食事をとることにした。そのピザ屋は、店の一番奥にピザ釜があり、しかもパーテーションで区切られているため、ピザ釜でピザを焼く実演調理のインパクトがあまり感じられない店だった。

内装も白っぽくて薄い色で、何かつまらないと感じながらピザを食べたのだが、やはり何か物足りなく感じた。そしてはたと気がついた。この物足りなさはピザというメニューのせいではなく、店の環境に影響されたものだったのである。

そのピザ屋でも、次のような店内の「顔」づくりをしていれば、店とピザの味の印象はまったく違ったものになっていたはずだ。

①店内どこからでも、ピザを焼く実演調理が見える

②入口周りにピザ釜を設置し、第一印象のインパクトを高める

③店内に、商品の説明をするＰＯＰを設置する

④ピザに使われているトマトソースやチーズを陳列する

このような内装、雰囲気演出の工夫があれば、お客様の満足度はかなり高まっていくものと思われる。

店内の席からぐるりと３６０度を見渡したとき、主力商品の演出が施されることによって、お客様のメニューに対する期待感やおいしさ感を高めることができるのだ。

主力商品のこのような演出のコツを、私は「３６０度視点」と呼んでいる。その結果、全体的な売上げも伸びる。

主力商品の売上げが伸び、全体の売上げが上がるということは、調理生産性も必然的に高まるということだ。

すなわち、「３６０度視点」は売れて儲かる原則になる

のである。

●「主力商品屋」を目指せ！

そして、私が居酒屋チェーンに感じた物足りなさも、「360度視点」に起因するものだった。

たしかにその店では、入口すぐに焼き鳥の「焼き台」があり、実演調理のインパクトは高い。しかもオープンキッチンだから、店内からカウンター内で調理する人たち全員が見えて活気も感じられる。さらに、どの席に座っても調理する姿が見えるため、すべてのお客様にそれなりのインパクトを与えることができていた。

このように、うまく「360度視点」を活用していたのだが、店の壁周りに焼き鳥屋「らしさ」が、いまひとつ感じられなかったのである。

そこで翌日、会議で全員に考えてもらった。

その結果、次のような具体的な提案があった。

①主力商品を店内に掲示する

主力である焼き鳥の商品名を木札に書き、それを店内3ヶ所の壁に掲示する。

②主力商品だけのメニューブックを作る

現状の全品揃えを記したメニューブックから、主力の焼き鳥だけのものとそれ以外の商品のメニューブックを作って二つに分ける。焼き鳥という主力商品だけのメニューを作り、「専門店」らしさの印象を与えるためである。

③主力商品のフェアーを行なう

さらに、主力商品の焼き鳥の中でも売れ筋のつくねの品揃えを増やし、品揃えフェアーを実施する。

以上、三つの施策に挑戦することになった。

これらの施策は、「主力商品屋」を志向したものである。主力商品を、文字通り「看板」にして、店内も主力商品に強い印象が残るような演出を施す。また、それらの施策によって、店に「顔」を作ろうと考えたのである。

その後、この居酒屋チェーンは店内360度、あらゆるところに焼き鳥専門店的な演出をした結果、主力商品である焼き鳥の売上構成比は3～4％伸びた。しかも、全体売上げとしても、それまでの前年トントンの推移から、対前年比を上回る売上げを達成するようになった。

あなたも、自店の店内をもう一度、見渡してほしい。

「360度視点のコツ」は使われているだろうか？

「主力商品屋」になっているだろうか？

この二つを徹底するだけで、店内に「顔」が作ることができるのである。

「360度の視点」 横浜・チーズカフェでは、ピザ釜が店内から見え、使っているトマト缶も並び、ワインのおすすめを書いたボードつきのワイン棚が見える

04 集客の基本はメニューブックの「顔」づくり！

札幌に、旬屋（ときや）という郊外型の居酒屋がある。長らく赤字が続いたというが、この2年間は全月黒字を達成したと言う。店長を中心に、さまざまな営業努力を重ねてきた結果、ということだったが、数多くの取り組みの中でも、もっとも大きな効果を上げたのがメニューブックに「顔」を作ることだった。

●**メニューブックに「顔」を作れ！**

売上アップの決め手は、①店の主力商品を明確にして、②その主力商品に対して、わかりやすくて具体的な「強み」加えることが基本となる。旬屋も、まずこの二つに挑戦して、売上げと利益アップを実現した。

旬屋は海鮮メニューを中心にした居酒屋である。主力商品カテゴリーとなるのは、刺身と寿司だ。

そこで旬屋では、炉端などはグランドメニューへの掲載を止めて単独のメニューとし、三つのメニューブックを作った。それにより、海鮮メニューを前面に打ち出して、海鮮の「主力商品屋」というイメージを強くお客様に与える工夫をしようとしたのである。

三つのメニューブックは、次のようなものだった。

・「顔」づくりとしての「主力商品屋」メニュー
①刺身を前面に押し出した海鮮系メニュー
②カラー写真をふんだんに使って、ファミリーにもわかりやすくした寿司メニュー
・その他商品の「品揃え型」メニュー
③主力以外のメニューを掲示したメニューブック

以上のような三つのメニューブックを、テーブルに設置した。この工夫は、お客様にとってメニューブックが増えることで、煩雑な思いをさせるような気もするが、逆に選びやすくなったと大好評だった。つまり、メニューブックに「主力商品屋」としての「顔」が作られたことで、お客様にこの店の「強み」が明確に伝わったと言えるだろう。その結果、主力商品の出数を大幅に伸ばすことができたのである。

●**主力商品の出数が売上げと利益を決める！**

それまで、刺身や寿司、炉端の売上構成比は、それぞれともに総売上げの5％程度だった。それが、このメ

ニューブック構成の変更によって、すぐに7～9％ほど売上構成比が伸びたという。そして、そのことによって、約10％前年割れ基調だった総売上げが対前年比トントンへと回復した。

その後、主力商品の販売促進をしていくことで、6ヶ月、8ヶ月経つと、刺身、炉端が15％、寿司は20％までに売上構成比を伸ばしていった。寿司に関しては、30％を超える日もあったと言う。

それに連れて、総売上げも前年比15～25％超増という数字を叩き出し始めたのである。

●主力カテゴリーで総売上げの15％を目指せ！

繁盛店になるためには、主力商品カテゴリーの売上げは総売上構成比で15％以上が必要となる。

ドリンクを含めた主力商品の「強み」を見るのに、売上構成比の目安として、次のような数字が挙げられる。

・7％…「主力商品」としての第一歩
・11％…「主力商品」のイメージが確立
・15％…強みのある「主力商品」
　「主力商品屋」としての第一歩
・19％…明確な「主力商品屋」
・26％…「強み」のある「主力商品屋」
・31％…「強み」が明確にされた「専門店」

ぜひ、この数値指標を参考にしていただきたい。

総売上げに対して主力商品の1カテゴリーの売上げが15％以上を占めると、売上げの伸び率が非常に大きくなり始める。1カテゴリーの売上げが伸びることにより、それを調理する人の生産性が伸びることにつながるからだ。その結果、当然利益も大幅に伸びていくことになる。

●1人月間売上げ150万円を目指せ！

主力商品の売上げの伸びは総売上げを伸ばす力を持ち、利益も生み出していく。そして利益のポイントは、主力商品の調理担当者が1人当たりで月間どの程度の売上げになるかということだ。

具体的には、調理担当者の月次人件費の3～5倍を、その調理カテゴリーでの売上目標にしてほしい。たとえば、刺身の調理担当者の人件費が月30万円なら、売上目標は90万～150万円となる。主力商品の売上構成比を15％以上にすることは、お客様がその店を選択する理由をより明確にすることでもある。その結果、主力商品の月間売上げが150万円以上となり利益が生まれる。

メニューブックに「顔」を作ることは、このような活性化への波及効果が大きいのである。

「主力商品屋」というイメージをお客様に与える メニューブックづくりを考えよう

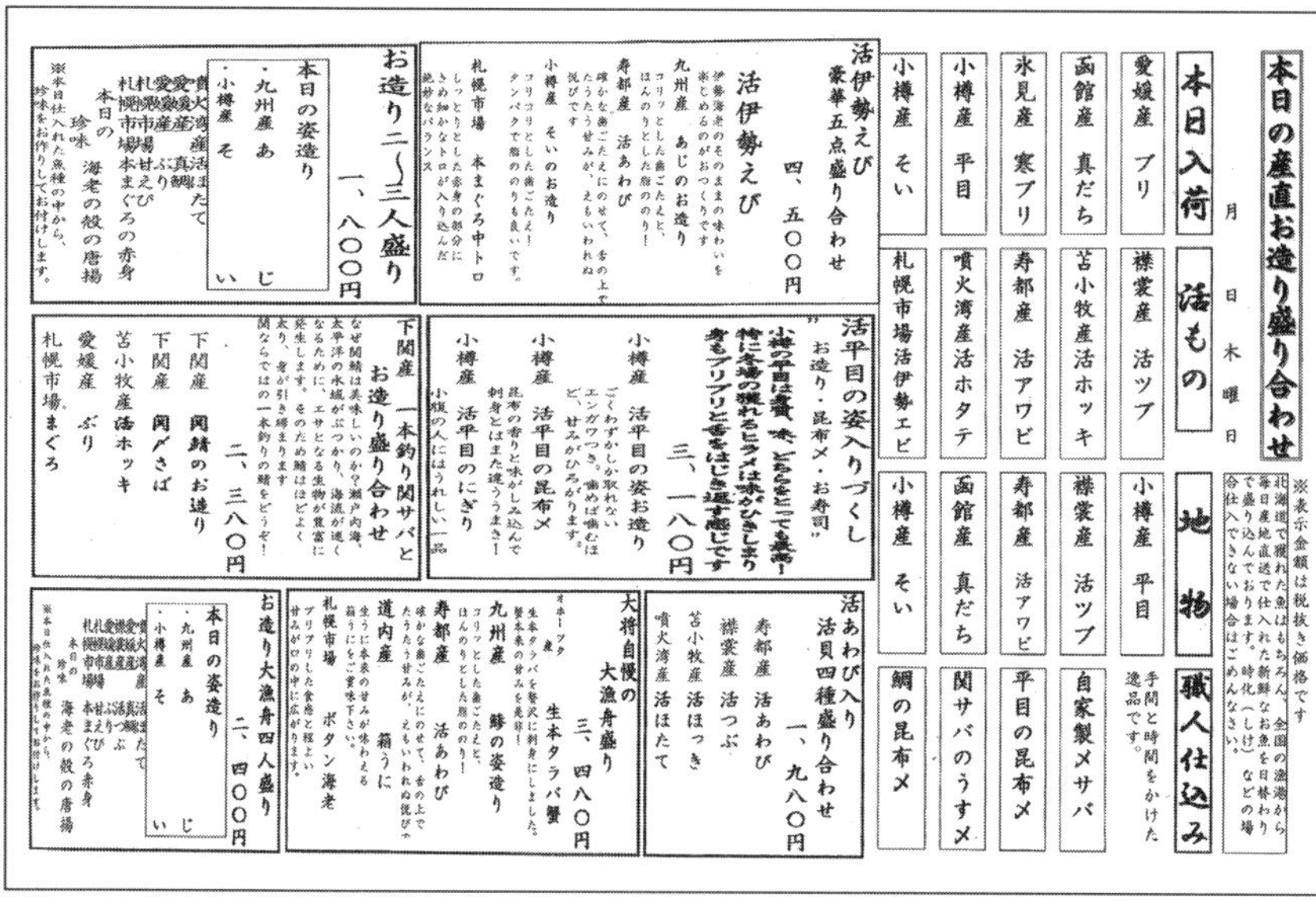

本日の産直お造り盛り合わせ

月　日　木曜日

本日入荷
愛媛産　ブリ
函館産　真だち
氷見産　寒ブリ
小樽産　平目
小樽産　そい

活もの
襟裳産　活ツブ
苫小牧産活ホッキ
寿都産　活アワビ
噴火湾産活ホタテ
札幌市場活伊勢エビ

※表示金額は税抜き価格です
北海道で獲れた魚はもちろん、全国の漁港から毎日産地直送で仕入れた新鮮なお魚を日替わりで盛り込んでおります。時化（しけ）などの場合仕入できない場合はごめんなさい。

地物
小樽産　平目
襟裳産　活ツブ
寿都産　活アワビ
函館産　真だち
小樽産　そい

職人仕込み
手間と時間をかけた逸品です。
自家製〆サバ
平目の昆布〆
関サバのうす〆
鯛の昆布〆

活伊勢えび
豪華五点盛り合わせ
四、五〇〇円
活伊勢えび
伊勢海老のそのままの味わいを楽しめるのがおつくりです
九州産　あじのお造り
コリッとした歯ごたえと、ほんのりとした脂ののり！
寿都産　活あわび
喉かな歯ごたえにのせて、舌の上でたうたう甘みが、えもいわれぬ悦びです
小樽産　そいのお造り
コリコリとした歯ごたえ！タンパクで脂ののりも良いです。
札幌市場　本まぐろ中トロ
しっとりとした赤身の部分にきめ細かなトロが入り込んだ絶妙なバランス

お造り二〜三人盛り
一、八〇〇円
本日の姿造り
・九州産　あ　　　じ
・小樽産　そ　　　い
※本日仕入れた魚種の中から、珍味をお作りしてお付けします。

活平目の姿入りづくし
"お造り・昆布〆・お寿司"
小樽の平目は[illegible]特に冬場の獲れるヒラメは味がひきしまり身もプリプリと旨をはじき返す感じです
三、一八〇円
小樽産　活平目の姿お造り
ごくわずかしか取れないエンガワつき。噛めば噛むほど、甘みがひろがります。
小樽産　活平目の昆布〆
昆布の香りと味がしみ込んで刺身とはまた違ううまさ！
小樽産　活平目のにぎり
小腹の人にはうれしい一品

下関産　一本釣り関サバと
お造り盛り合わせ
なぜ関鯖は美味しいのか？瀬戸内海、太平洋の水域がぶつかり、海流が速くなるために、エサとなる生物が豊富に発生します。そのため鯖はほどよく太り、身が引き締まります
関ならではの一本釣りの鯖をどうぞ！
二、三八〇円
下関産　関鯖のお造り
下関産　関〆さば
苫小牧産活ホッキ
愛媛産　ぶり
札幌市場。まぐろ

活あわび入り
活貝四種盛り合わせ
一、九八〇円
寿都産　活あわび
襟裳産　活つぶ
苫小牧産　活ほっき
噴火湾産　活ほたて

大将自慢の
大漁舟盛り
三、四八〇円
オホーツク産　生本タラバ蟹
生本タラバを贅沢に刺身にしました。
九州産　鯵の姿造り
コリッとした歯ごたえと、ほんのりとした脂ののり！
寿都産　活あわび
喉かな歯ごたえにのせて、舌の上でたうたう甘みが、えもいわれぬ悦びか
道内産　箱うに
生うに本来の甘みが味わえる箱うにをご賞味下さい。
札幌市場　ボタン海老
プリプリした食感と程よい甘みが口の中に広がります。

お造り大漁舟四人盛り
二、四〇〇円
本日の姿造り
・九州産　あ　　　じ
・小樽産　そ　　　い

05 お客様満足のために、予算に「顔」を作れ

予算にも「顔」を作れ！
15年ほど前、ある回転寿司店の前を通りかかった。日曜日の午後7時という繁忙時間帯にもかかわらず、その店をのぞくとお客様はまばらな状態だった。その店はチェーンだったので、他の店も何軒か様子をうかがってみたのだが、どこも似たり寄ったりで閑散としていた。

●予算の「わかりやすさ」が集客を生む

このチェーンは長くはもたないだろうという印象を強く持った。しかし、このチェーンは生まれ変わった。「100円均一」という価格変更をしたことによって、一気に集客力を持つことに成功したのである。

当時、多くの回転寿司チェーンが、この企業の成功を真似て「100円均一」へと舵を切っていった。たとえば、東京を中心に関東で店舗展開をしている寿司店チェーン「寿し常」は、一般的な寿司店の業態である立ち握りの店では珍しく均一価格である。そのことで、多くのお客様を集めてチェーン店化を促進しているようだ。

1皿290円均一という価格政策は、集客の絶対的な決め手ではない。しかし、値づけのわかりやすさ、お客様にとっての予算をわかりやすくすることは、集客力をアップさせることにつながる原則であることは間違いない。

●ヘビーユーザー化は予算の「わかりやすさ」を生む

昔の寿司店では、店内には寿司ネタだけが書かれた木札だけで、値段が記入されていないことが一般的だった。

しかし、大阪に亀寿司という明朗会計の店が登場し、その状況が一変していったと言われる。亀寿司は寿司の価格を明確に表示し、しかも価格を札で色分けして、札を注文ごとにお客様の前に積み上げるという方法をとった。

これにより、お客様は注文しやすくなり、しかもだいたいの料金がイメージできることで、行列ができるほどの繁盛店となっていった。

しかしその後、皿の色で価格がわかり、食べた寿司も皿の数と色で簡単に合計金額がわかる回転寿司の店が登場して急成長を遂げていく。そしてさらに、「100円均一」の回転寿司店が現われるという激変ぶりだ。

このように寿司店でも、お客様が成熟、ヘビーユーザー化することに合わせて、お客様の予算をより明確にするための価格対策がなされていっている。

フレンチやイタリアンにしても、さまざまな予算に応じた段階的な値づけをしたコースを提供する店は少なくなり、ひとつの価格帯でメインディッシュやデザートを3～4品の中から選択できる「プリフィックス型」のメニューとしている店が増えているのも当然の流れだ。

●お客様の予算価格に、50％以上の品揃えをせよ！

お客様の持つ予算価格は、もっとも数多く品揃えされている商品の価格帯でもある。原則として、この価格帯の商品が一番売れる。したがって、お客様の予算価格は「売れ筋」の価格と同じになるのが自然である。

予算価格は、計算式によっても算出可能である。（一番安い価格×一番高い価格）の√（ルート）を計算すると、それが予算価格となる。つまり、売れ筋価格も計算できるわけだ（2章5項参照）。

ただ、ここで注意してほしいのは、メインメニューで計算するということである。たとえばレストランなら、メインディッシュの一番安い価格と高い価格で計算する。サブディッシュのサラダやスープ、デザート、ドリンクは除外して計算してもらいたい。

もっとも安い商品がハンバーグの680円、高い商品はステーキ2580円とするなら、（680円×2580円）の√（ルート）を計算すると1300円となる。つまり、1300円が予算価格となるわけだ。

ただ、予算価格には幅がある。目安としては、高め予算は予算価格の1・3倍。逆に低め予算は予算価格の0・75倍ほどである。1300円が中心となる予算価格なら、高め予算は（1300円×1・3＝）1690円、低め予算は（1300円×0・75＝）980円となる。

つまり、その店の予算価格帯、売れ筋価格帯は980円から1690円であり、その価格帯にメインディッシュの品揃えを50から70％集中させることによって、わかりやすい品揃えが実現するわけである。

そして、この予算価格帯をもとに、商品の品揃えをしていけばいいのである。さらに狭い予算帯で100％の品揃えをすれば、よりわかりやすくすることができるが、長い目で見ると、食材の広がりや提供方法の工夫に苦労することになる。

つまり、商品の変化が乏しくなりがちなので注意が必要になる。

「一番店」になるためのメニューの「品揃えの原則」

● 理論的アイテム比
① まず、 主力ゾーンを決定する
② 買い頃価格（プライスゾーン）は 5 ゾーンを設定する

低	1	2%			
↑	2	5%	7%	13%	
	3	15%	15%	25%	20%
	4	35%	40%	40%	50%
	5	25%	25%	15%	30%
↓	6	15%	7%	7%	
高	7	3%			

（一番店）　（二番店）

06 「できたて演出」が店の「顔」づくりの決め手

東京・銀座に、超繁盛店の寿司店がある。毎日、営業時間前には20人を超えるお客様が行列しているほどで、寿司はボリュームがあり非常にお値打感がある。

それこそが、この店が繁盛している最大の要因と思われるが、店づくりも非常にうまいと感心させられる。

●「できたて演出」で第一印象を特化せよ！

この店に入ると、まずネタケースに目が奪われる。普通の寿司店は、1・2～1・5m幅のネタケースが寿司職人の数に合わせて設置されている。

しかし、この店ではカウンターの端から端までがひとつのネタケースになっている。切れ目のないネタケースに、寿司ネタが陳列されているのを見ると圧倒されてしまう。しかも、入口そばのネタケースの上には、氷が敷き詰められたケースがあり、カニなどの食材を積み上げている。これにも圧倒されてしまう。

食べる前から、「おいしさ感」という「食本能」が刺激される。その「できたて演出」によって、第一印象が「特化」されているのだ。そして、それがこの店の「強さ」のひとつになっているのである。

「できたて演出」とは、①調理の実演、②食材の陳列によって、お客様の「本能」を刺激することである。銀座のこの寿司店は「できたて演出」をよく考えていると言っていい。

●「できたて演出」で出数を伸ばせ！

焼き鳥を中心メニューにしたある居酒屋は、売上不振に喘いでいた。店の主力商品である焼き鳥の売上構成比は7％程度、つまり主力商品の「顔」ができていなかったのである。売上不振の原因は明らかにそこにあった。

その店では、焼き鳥を焼く場所が店内から見えない配置になっていた。そこで、経営者は一大決心の下、キッチンの壁を一部開放してその場所に焼き台を設置した。どの席からも見える場所に、焼き台を置いたのである。

すると、焼き鳥の売上構成比は11％、12％……15％といった具合に順調に上がり始め、出数も大幅に伸びていった。それにともない、総売上げも伸び始め、月間売上げが前年比150％を超えるような活性化を図ることができたのである。

さらに、その経験を十二分に活かすべく、新店を出店することになった。入口付近の店外からも焼き台が見え、焼き鳥を焼く煙のもうもうとした状態が店内にシズル感をかもし出す新店を作ったのだ。そして、その店は新店とともに、超繁盛店として現在も営業を続けている。

「できたて演出」は、演出された商品の販売出数を大幅に伸ばす力があるのだ。

●常に「主力商品」の活性化を考えろ！

「できたて演出」をするメインのメニューは、当然「主力商品」である。「主力商品」の出数が伸びると、総売上げが伸びるのは原則であり、「できたて演出」によって、売上げの大幅アップを図っていくことができるのだ。

ただ、ありきたりのオープンキッチンの店では、キッチンはオープンになってはいるものの、肝心の「商品を調理している」ところが見えない店も少なくない。これでは「できたて演出」をすることはできず、売上げに効果をもたらさない。

東京に出店した札幌の寿司屋がある。ここも繁盛店だが、お客様の視線を遮らないようにネタケースを低くするという工夫をしていた。

ネタケースがお客様の視線を遮らないため、寿司を握る職人の手元がはっきりと見える。老舗の寿司店は、このような職人の手元を見せる演出をしているところが多いが、本物を強くアピールする効果がある。このような、職人の技を見せるための工夫は素晴らしい。

老舗とは、繁盛が継続している店のことだが、「本物」の強みを「できたて演出」によって表現し続けることで、繁盛を継続させているのである。

●「できたて演出」の五つのコツ

それでは、「できたて演出」は具体的にどのように行なえばいいのか？　それには、次の五つのコツがある。
①調理そのものが見える。できれば熱源なども見える
②煙や湯気などがもうもうとした状態で立ち昇っている
③調理器をお客様に見えるようにする
④お客様に対する「できたて演出」を遮る陳列台や囲いなどの障害物は、できるだけなくすようにする
⑤演出は本物でなければならない。演出のための演出になってしまっては効果はない。
みなさんも、これを参考に「できたて演出」に挑んで、主力商品の出数アップ、売上げと利益アップに挑戦していただきたい。

「できたて演出」はパフォーマンスを大切に！

【骨太繁盛法則（5）】

経営者は世間をまわれ

01 「流行」ではなく「時流」に乗り、売上げを伸ばせ

売上アップの決め手のひとつに、「時流に乗る」ことがある。これは、原則と言っていいだろう。

ただ、ここで気をつけなければならないのは、「時流」と「流行」の違いを理解しなければならないことである。「時流」と「流行」は区別がつきにくいため、飲食店経営者が「流行」を「時流」と勘違いして新しい業態に取り組んで失敗するケースも少なくない。

●「流行」は赤字を生む出す

「流行」とは一過性のものだが、その力は侮れない。一時的ではあっても、集客力は非常に強いからだ。そのため、本流的な現象としてとらえてしまいがちだ。

アメリカの繁盛飲食業視察を始めて20年経つが、その間、「流行」に乗って勢いがあったものの客足が途絶えていった店、「時流」に乗って息の長い繁盛を続けている店という、二極的なケースを数多く見てきた。

たしかに、「流行」の力は素晴らしい集客力を持ち、行列ができる繁盛店となっていた。しかし、そのような店を見ても何かピンとこない。その繁盛に、納得できるものがないからだ。

それでも、ある程度時間をかけて観察をしていると、やはり繁盛の理由が納得できない店は、やがて集客に翳りが見え、なかには閉店に追い込まれるところも少なくなかった。

流行で集客を誇っている店には、このような特徴がある。「繁盛の原則」が見えてこないのだ。

●「時流」に乗った店を作りなさい!

前述のように、「繁盛の原則」とは、①お値打ち感、②「第一印象」の特化、③「シズル」の特化、④「主力商品」の特化だが、「流行」に乗る店は、どこもこの「繁盛の原則」が見えないのに、集客できている。しかし、「時流」に乗る店は違う。「繁盛の原則」を実践している。そのうえで「時流」にも乗っているから、継続力があるのだ。

飲食店にとっての「時流」は、①本来的なもの、②より人間味のあるアナログ的なもの、③エキサイティングな本態的なもの、と言える。この三つの「時流」を店の核とすれば、必ずや「繁盛店」になるはずだ。

アメリカ西海岸視察ツアーでは、イタリアンレストランチェーン「イル・フォルナイオ」を成功させたラリー・ミンデル氏に繁盛のコツを聞いた

アメリカ東海岸視察ツアーでは、超繁盛衣料店「ミッチェル」「リチャーズ」二代目社長、ジャック・ミッチェル氏に固定客化のノウハウを聞いた

02 すべての繁盛は「モデル商法」から生まれる

「モデル商法」とは、他の店のやり方をコピーすることではない。いくらうわべを真似しても、しょせんコピーにしかならない。ブランド商品のコピーはニセ物でしかなく、そもそも違法である。また、適法の範囲内で真似をした商品でも、長期間にわたって大きな利益は生まれないし、やがて自然淘汰されてしまう運命にある。

「モデル商法」とは、画家が歴史に残る名画を模写し、その技術を学ぶと同時に本質をつかみ取り、オリジナルな絵が描けるようになることに似ている。

●「コピー店」は淘汰される運命にある

10年ほど前、よく似た店名で品揃えも大差がなく、主力商品も同じという焼肉店、トンカツ屋が郊外に続々と出店したことがある。

当時、そういう店は月商が2000万円以上もあるといった情報が飛び交い、その繁盛の波に乗り遅れないように、日本全国で爆発的とも言える出店ラッシュが起こった。

しかし現在は……。多くの店で売上げは半減し、業績悪化で撤退した店も少なくない。

結局、このように「モデル店」のうわべしかコピーしないと、いったん業績悪化が始まると実に弱いものだ。まず、どんな対策をとればいいのかわからない。

そのため、やはり「モデル店」の業績悪化策、営業策をそのまま導入する。根本的な対策を深く考えず、右へならえ的な対策を続けてしまう。当然、あまり効果はない。いくらコピーしたとはいえ、「モデル店」の対策は、自店では定着しないからだ。なぜ、その対策が必要なのか、本質が見えていないために継続性を持ちえず、中途半端な結果で終わってしまうのである。

●「モデル商法」が繁盛を生む

前述の「フルーツケーキファクトリー」というフルーツタルト専門店では、7~8年ほど前、喫茶からタルトケーキ&喫茶へと業態をリニューアルした。

その結果、月商は600万円から2000万円を超えるほどに伸びたというから、このリニューアルは大成功と言えるだろう。そして、現在は全7店舗、年商約8億円にまで成長を遂げている。

「フルーツケーキファクトリー」の経営者は、成功のコツは「モデル商法だった」と語っている。「モデル店」の成功の本質や原則を自店流にアレンジしたのだ。そして、「フルーツケーキファクトリー」が具体的に「モデル店」から学んだことは、次の三つだったと言う。
①「鮮度」の特化
甘く鮮度の高いフルーツを使用した
②「できたて」の特化
タルトは店内で毎日、鮮度や手づくりをしていることがお客様にわかるように実演販売をした
③「お値打ち」の特化
モデルとしたのは、東京の繁華街にある店だった。当然、札幌とは価格の「値頃感」に差がある。札幌では東京価格で売ることは難しいため、価格は札幌的な値づけをしたのだが、フルーツのボリューム感を大切にして、お客様が「お値打ち」を感じられるようにした
このように、表面的な品揃えや店舗や商品イメージをコピーするのではなく、「モデル店」の持つ「本質」と「原則」を徹底的に学んだわけである。そして、それが現在の繁盛を継続させる源泉になっているのである。

●「モデル商法」とは本業化のことである

「モデル商法」とは「コピー商法」ではない。氷山は、1／7しか海上に姿を見せていないと言われる。つまり、6／7という、氷山のほとんどの部分は海中に隠れているわけである。「コピー商法」は、海上に出た氷山の1／7だけを真似したものに過ぎないのである。そんなやり方では、たとえ開店のときに好業績が上げられたとしても、近くに競合店が出店したり、環境の変化などの壁に突き当たったときは非常に脆い。

本質的で骨太な対応ができず、目先の対策を施すのがやっとである。しかし、真似をしたい商売が、自店の「本業」と考えたらどうだろう？　単なるコピーでは気がすまないはずだ。コピーしたい店以外にも、数多くの繁盛店を参考にしたくなるはずだ。そして、振り返って、自店や商品の改善を考えるに違いない。

そのようなときに、「モデル店」はたいへん参考になり、そこから「モデル商法」が生まれてくるとも言える。また、そこから自店の「本業」が明確なものになってくる。

「モデル商法」とは本業化するということであり、それによって、継続的な成長が実現できるのである。

「できたて」と「鮮度」を表現、「お値打ち感」を強調する

ケーキの並んだケースの奥ではオーブンの焼きたて実演が見える

03 成長するためには「考える時間」を作りなさい

ある経営者は、「成長とは〝尺とり虫〟のようなものだ」と言っている。尺とり虫は、一度縮んでから前へ伸びて進んでいく。つまり、一度縮まないと、伸びることも進むこともできないのである。当たり前のことだが、伸びた状態のままでは、前に進むことはできない。

それでは、企業の成長での「縮む」とは、具体的にはどのようなことなのだろう？　この疑問を投げかけると、その経営者は「考えること」だと答えた。考えることが、前に進む原動力になるというわけだ。

●毎日を精一杯では変化がない

そしてその経営者は、もっとも考える時間がないのは現場だということで、現場に考える時間を作ることにしたと言う。非常に興味深い話なので、具体的な方法をたずねてみた。

すると、まず現場を三つのグループに分けたと言う。店長、中堅社員、社員、パートとアルバイトの有志を三つにグループを分け、グループごとに1泊2日の研修合宿を行なうことにした。

この研修合宿は、グループごとに年3～4回行なうことにしたため、ほぼ毎月研修が開催されることになった。

そして研修では、グループの中に4～5の少人数のチームを作って話し合い、それをまとめてグループ全員に報告するという形式をとった。テーマは、自社の「経営理念」についてである。「経営理念」の1項目ごとに、自分は「経営理念」をどう理解していて、どのような具体的な行動を起こし、そして何を実現しようとしているかについて、チーム内で話し合うことにした。この会社ではこの3年間、テーマを変えずに研修合宿を繰り返している。「経営理念」「行動方針」は、毎年少しずつ変えていることもあり、活発な論議が展開されている。

毎日現場で働いていると、現実として「考える」時間はほとんどない。「経営理念」は会社の根幹となるものだが、会議前に唱和する企業はあっても、幹部からアルバイト、パートまで含めて、きちんと考える時間を持たせようという企業は少ないだろう。

尺とり虫が、縮んだ分だけ前に伸びることができるように、この会社の経営者は、考えた分だけ前に進めると考えたわけだ。そして、すべての研修に参加し、必ず従業員の発表に対する自分自身の意見を語っているそうだ。

現場は、毎日精一杯働いている。しかし、それだけでは新しい挑戦も生まれないし、同じことの繰り返しで、ルーティンワーク化してしまいがちだ。

考えることに真剣に取り組まないと、世の中の変化に対応できないのである。

●考える時間を作りなさい

この飲食企業は、「考える」研修を続けて3年後の最近、株式の上場をはたしている。既存店の売上げは順調で、毎年、常に前年超えという実績を上げ、経営利益率は業界でトップクラスという経営を行なっている。

あなたは、「考える時間」を持っているだろうか?

もし、あなたがクルマで通勤しているとしたら、通勤時には本が読めない。そして、店に着いたら、いろいろな仕事が待っているはずだ。接客サービスに走り回ったり、キッチンで忙しく調理したり働いているはずだ。そして、仕事を終えるとクルマでまた家に帰る。家に帰っても、それほど時間に余裕はないだろう。そして翌朝には仕事に向かう。

電車通勤の場合でも、帰りは仕事の疲れでつい寝てしまう。多くの人は「考える時間」を取れずに、生活と仕事に追われているのが現実ではないだろうか?

これは尺とり虫で言うと、縮むことなく前へ伸びようとしている状態である。一回縮まなければ、いくら懸命に努力をしても前には伸びない。「いろいろと努力しているつもりなんですけどね」と言い訳をする人も少なくないが、努力が実を結ばないのは、「考える時間」をきちんと作っていないからだ。

「考える時間」を作るためには、まずスケジュール帳に月に2度程度、1回について1~2時間の「考える時間」を記入する。できるなら、休日は避けて出勤前やアイドルタイムなどで時間を作るようにしたい。

最初から「考える時間」をスケジュールに入れておいて、必ずそれを実行する。仕事に余裕があるときに「考える時間」を作ろうとしても、日常業務に追われてなかなか実行することは難しいからだ。

「縮む」ことは、一見後ろ向きなようにも思えるが、前に進むために必要なことなのだ。あなたも、前に進むためという目的意識を持って、「考える時間」を持っていただきたい。

私自身、月２回の考える日を
スケジュール化している

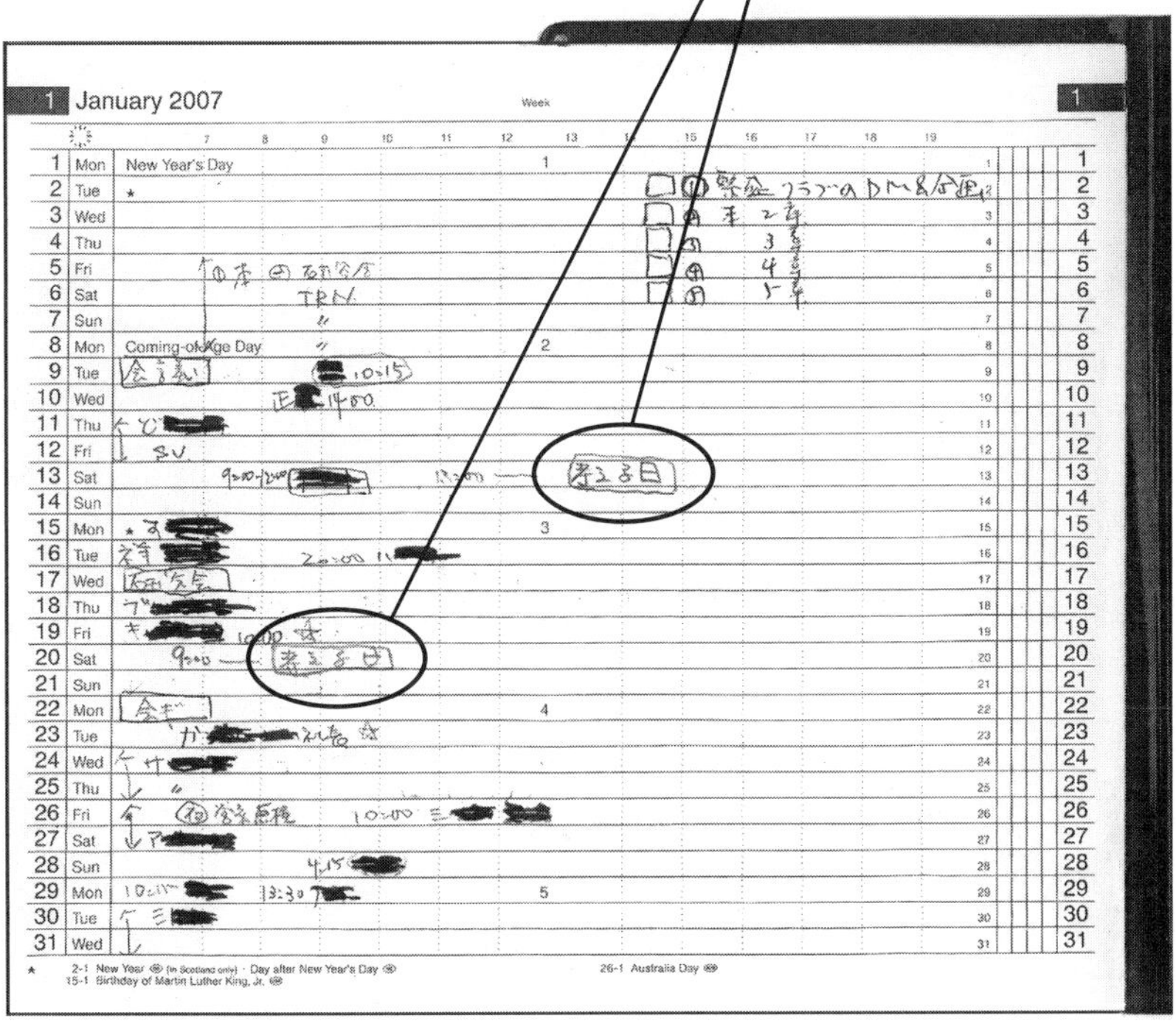

04 売上げを劇的に上昇させる10のコツ

売上げの低迷が続いているという、ある居酒屋の営業部長と打ち合せをしていたときの話だ。その店から徒歩10分圏にある繁盛店数店とその店の比較を始めたのだが、営業部長はそのすべての店を知らなかった。

よく話を聞いてみると、時間がないため、あまり他の店を見に行くことはないと言う。しかし、これでは店の売上アップも活性化も望めない。他店と比較することで、見えてくるものは少なくないのだ。

国内外を含めて、何千何万軒の飲食店を見てきた私の経験から、その営業部長に売上アップのための10のコツを説明したのだが、それは以下の通りである。

①繁盛店を10店見なさい

自店と同業態の繁盛店を5店、同業態でなくても飲食店の繁盛店を5店観察してみる。しかし、店の表面的なものだけを見てイメージをつかむのでは意味はない。必ず、繁盛している理由を、1店について最低でも五つメモをする。そのため、繁盛の理由が五つ見えてくるまでは店を出ない覚悟が必要だ。ただ、だらだらと店にいても仕方がないため、できる限り短時間でこなすようにする。慣れてくれば、すぐにその店なりの「繁盛の原則」が見えてくるようになるはずだ。

②自分の店の現場で座って考えよ

やはり、答えは現場にあるものだ。従業員として、見ているだけではわからないことは多い。そのため、自店のピーク時に客席に座って、お客様と同じように飲食をしてみよう。プロの人間がお客様視点になることで、活性化のヒントがいくつも見つかるはずだ。

③第一印象で強烈なもの打ち出せ

繁盛店は、第一印象で強烈なインパクトを与えている店が多い。焼き台から煙がモクモクと立ち上がっていたり、入口の近くでの実演調理や食材陳列など、強烈なインパクトを持つ店が少なくない。はたして、自店にそれはあるか、考えてみる。

④客席から「強み」が見えるようにする

自店の客席に座って、店内をぐるりと見回してほしい。視線に自店の「強み」が入ってくるか？　ＰＯＰで商品の「強み」が説明され、従業員の活気、やさしい表情、できたて商品や実演調理のシズル感など、店の「強み」が見えるか、お客様の目線でチェックしてほしい。

⑤アイコンタクトを行おう

アイコンタクトとは、従業員がお客様と目を合わせることである。アイコンタクトすることによって、親しみ感が強調され、お客様の満足度は高まる。従業員すべてが、お客様に対して遠くからでもアイコンタクトを心がけるべきである。

⑥従業員の表情をチェックせよ

ピーク時でもアイドル時でも、従業員の表情を見てほしい。作業をしている表情、接客している表情、それはどんなものだろうか？　心からの笑顔ではなく、厳しい表情を見せていないだろうか？　従業員の働く表情は、店長が従業員に対する表情と似てくる。あなたの表情の明るさが従業員の表情にもつながるのだ。

⑦新メニューは、お客様の立場になって食べてみる

新商品をメニューに加えた際、ほとんどの店長は試食をするはずだ。しかし、営業中に客席で食べたかと聞くと、ほとんどの人はNOと答える。現実問題としては、その新商品はピーク時に客席でお客様が食べているのだから、お客様の立場で食べてみなければ、魅力のある食品かどうかはわからないはずだ。

⑧本能を刺激する付加価値をつけろ

きれいな盛りつけをしただけでは、売上げは伸びない。圧倒するようなボリューム感や熱さや音の強調、冷えた氷の上への盛りつけなど、お客様の本能を刺激するような演出を心がけないと、売上げを伸ばすことはできない。

⑨主力商品カテゴリーの売上げを管理する

自店の主力商品の月間売上げを把握して、今期の伸び率、前期との比較などをきちんと管理しなければならない。店の売上げを伸ばす前に、主力商品カテゴリーの売上げを上げることだけを考えれば、必ず結果が伴ってくる。

⑩主力商品のフェアを行なう

お客様が来店する動機づけは、主力商品によってできる。そのため、主力商品のフェアは集客力アップに効果的である。ただ、春夏秋冬という季節ごとでは、来店の動機づけとしての回数が少な過ぎる。週、月といったサイクルでのフェアに取り組んでほしい。

これら10のコツは、どの店でも適用できる。「即時業績改善」という劇的な効果を上げられるはずだ。

主力商品の北海道産直月間フェアで、お客様の来店動機づけをする！

05 「因果の法則」で経営を見つめ直す

かなり以前の話だが、喫茶店やイタリアンレストランを何軒か経営する会社の経営相談にうかがった。その会社では、店の営業時間は午前11時から午後10時までの11時間だったが、売上げの前年割れが続き、深夜0時まで営業時間を伸ばしたという。

その結果、売上げは伸びて、翌年は前年比大幅増になったが、その翌々年は再び前年割れ。そこで、営業時間を深夜2時まで延ばし、再度売上アップを図ったが、そのイタチごっことなって24時間営業になっていた。しかし、それでも業績を改善することができないため、経営相談を依頼したらしいのだ。

●本当の原因を考えているか？

よくよく話を聞いてみると、大きなメニュー変更はしたことがないと言う。また、既存商品の磨き込みによる新しい魅力づけも行なわず、店自体も開店から10年間、改装や改修をしていなかった。

当時、私が知っている繁盛喫茶店で、毎年店の１／５ずつを改修し、５年で全部を改装しているところがあった。

その店は、店内内装の改修、改装が集客の大きな要因になると考えていたからである。その繁盛店とは比較にならないほど、この店では根本的な対策がとられていなかったことに、私は驚きを隠すことができなかった。

売上げが下がったから営業時間を延ばす。それ一本槍で、売上げが落ちている理由を考えていなかったのだ。ここまでの店は少ないかもしれないが、きちんと売上減少の原因を考えて、それに対応した売上アップ対策を実施している店は意外と少ない。

たとえば、他の繁盛店の売れ筋メニューを、自店の主力メニューとは無関係なのに導入する店も少なくない。

先日、訪問した焼き鳥居酒屋では、「韓国フェア」や「沖縄フェア」を頻繁に実施していたが、肝心の主力商品である焼き鳥に関するフェアを行なったことがなかった。また、焼き鳥の商品磨き込みもしていない。その結果、焼き鳥の出数は、毎年大きく減少していると言う。

このように、本質的な原因を探らず、表面的な対処法だけで終わっている店は意外と多い。これでは、継続的な売上アップは望めない。

●「因果の法則」から売上アップを考える

「因果の法則」とは、原因こそが現在の結果を作っているという考え方を基本とする。文字通り、「原『因』」が「結『果』」を招くということだが、「結果」を見つめていけば「原因」見えてくるのである。

また、競合や環境の変化などの外因的なものではなく、自店、自社、店長・経営者などの当事者に「原因」を見出そうというものだ。

つまり、売上不振、売上減少という「結果」は、当事者本人に「原因」があると考え、さまざまなアプローチを試みていこう、ということでもある。

外因的な「原因」のほうが見つけやすいのだろうが、当事者内部に原因があるほうが、その対策はとりやすい。それは、「主力商品」の伸び率というポイントに絞り込めば、対策が見えてくるからである。

お客様の来店の動機づけは、「主力商品」によって行なわれることが原則となる。よく、「自店には若者向けのメニューがないから」といった意見も聞くが、それは、マクロな視点での店の活性化には関係がない。

まずは、自店の「主力商品」に絞って、売上げを増加させるための方策を考えればいい。

それには、次のような五つのチェックポイントがある。

①主力商品の品揃えは豊富か？
②主力商品のボリュームは差別化されているか？
③主力商品の提供方法は本能を刺激するか？
④主力商品の月間売上げは150万円を越えているか？
⑤主力商品に関するフェア、トッピングの変化などを定期的かつ頻繁に行なっているか？

以上の5項目に「原因」を求めてほしい。

売上減少、売上不振店の多くは、「主力商品」が弱体化している。何度も繰り返すが、「主力商品」を強化すれば、自然に店全体の売上げは伸びていく。

そのためにも、この5項目で現状を整理して、これからの目標をきちんと設定しよう。

その目標達成に向けた方策が、本質的な対策となるのである。「因果の法則」に則って、「結果」から「原因」を見きわめる。

そして、その本質的な対策を実施することによって打開策が見えてくるはずだ。その結果、「本質的な結果」＝「継続的繁盛」が可能になってくるのだ。

「主力商品」の品揃えの豊富さとボリューム感で「差別化」に成功した例

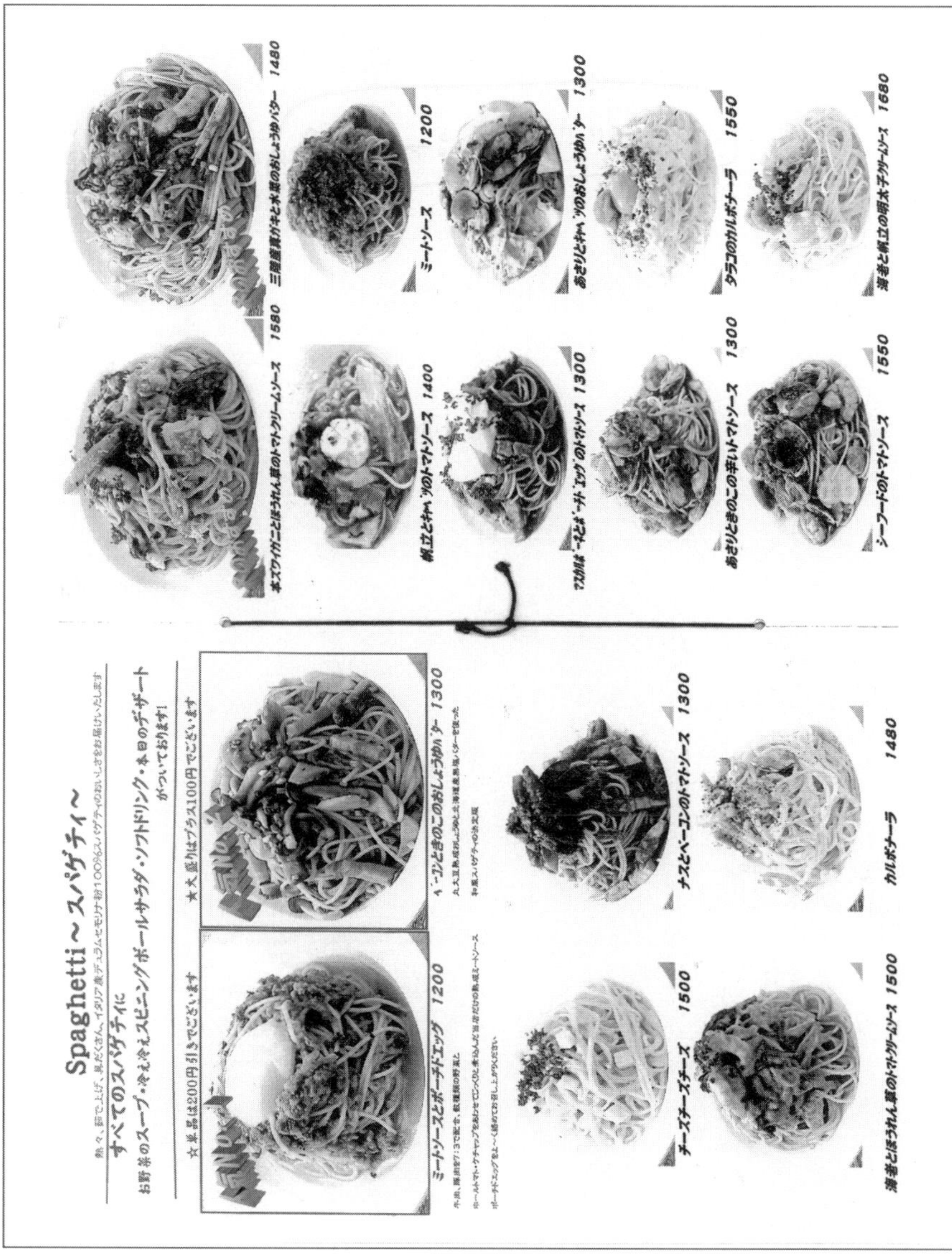

06 新しい「成長プロセス」を発見しよう

時代は、たしかに変ってきている。07年の夏、札幌へ回転寿司店の視察に行ったが、7～8年前にテレビで取り上げられたほどの繁盛店ですら姿を消していた。回転寿司店のある経営者に聞くと、札幌の回転寿司店は最盛期と比べると半数近くに減少していると言う。

今回、3年前に視察した超繁盛を3店舗見てきたが、2店舗は繁盛ぶりに変化はなかった。しかし、ピーク時には1時間半の行列は当たり前だった超繁盛店は、すっかり以前の力を失っていた。

夏休みの土曜日にもかかわらず、すんなりと席に案内されて店内を見ると、空席が目立っていた。3年前とのあまりの差に、愕然とせざるを得なかった。

●変化なし、は後退を意味する

売上げを大幅に減少させているはずのその店は、マクロに見ると大きな変化はなかった。以前は、レーンに7人の店員が入っていてかなりの活気を感じさせたが、売上減少のなか、従業員を減らすのは当然だろう。私が入店したときは3人だったが、お客様へかける声には勢いはなく、活気とはほど遠い雰囲気だった。

一方、ベルトに流れる寿司は、以前と大差はなかった。しかし、やはり売上大幅減のため、量や種類に見劣りするものがあったことは事実である。

マクロに見て、売上げとともに店内がパワーダウンしていることを感じたが、根本的なところでの変化は感じなかった。

しかし、変わらない繁盛ぶりを見せていた2店は、見た目では大きな変化を遂げていた。1店では、入口に生け簀や実演で魚を捌くコーナーができていた。またもう1店では、商品のボリューム感が以前よりも強化され、よりインパクトのある商品に変化していた。

それを見て気づいたことは――変化しないのは後退を意味する、ということである。競争、競合のない立地ではわからないが、札幌のように競合が激しい立地条件では、より「強み」を強調した店にお客様は集中する。その結果、変化しない店はお客様を失ってしまうのだ。

●新しい「成長のプロセス」のための三つのキーワード

前述のように、時代は変わってきている。しかも、以前より加速度を増して変化が進んでいる。

そして、繁盛店と言えども、その変化に対応して、次の「成長プロセス」を探って対応策を練らなければならない。店自体も、変化していかなければならないのだ。

そして、新たな「成長プロセス」をつかんで変化していくためのキーワードは次の三つである。

①「人間力」を前面に押し出す

お客様の心をなごませ、満足を与える基本は「人間力」である。働く人の言葉遣いや表情、活力をはじめ、お客様に呼ばれたらすぐに対応するような「人間力」を根底に置いた店が、これからの成長をつかむのである。

欧米の飲食店では、店内にデジタルな機械類はほとんどない。オーダーエントリーもバックヤードでは使用しているが、お客様の前では1対1の対応である。それが、本来の接客の基本であることを忘れないでいただきたい。

②「商品力」を前面に押し出す

アメリカのレストラン視察を繰り返していて、最近、印象深かったのが、商品の実演や陳列などを前面に押し出す店が急増しているということである。商品を見て、食べるという差別化から、もう一歩差別化が進んでいるわけである。実演調理や陳列で「おいしさ感」を訴えかけようとする演出技術が、より洗練されたものになってきているのだ。しかも、品質やボリュームなどで商品自体が磨き込まれ、商品の「お値打ち性」も強力に押し出されている。

③「店舗力」を全面に押し出す

明るい店にムードたっぷりの非常に暗い雰囲気の店、オープンキッチンの店に重厚な内装でクローズドキッチンの店……アメリカの飲食店を視察していると、それぞれの店の自己主張が明確であることを強く感じる。ターゲッティングや「主力商品」の〝らしさ〟を強調した店内づくりがなされていて、それぞれのオリジナル度もきわめて高い。

逆に、そうしなければ、淘汰されてしまうということでもあるのだろう。自店の「強み」をしっかりととらえて「強み」をより強調する。独自の店づくりをしていかなければ、生き残りは難しいわけだ。

新しい「成長のプロセス」をつかむため、以上の三つのキーワードによって自店を「変化」させていってほしい。

店頭に稲を飾りつけて「新米」を強調する

「ごはん」を切り口にして独自性を高めている横浜「伝兵衛」

かまどでごはんを炊き、炊き上がると、拍子木を叩いて店内に知らせる

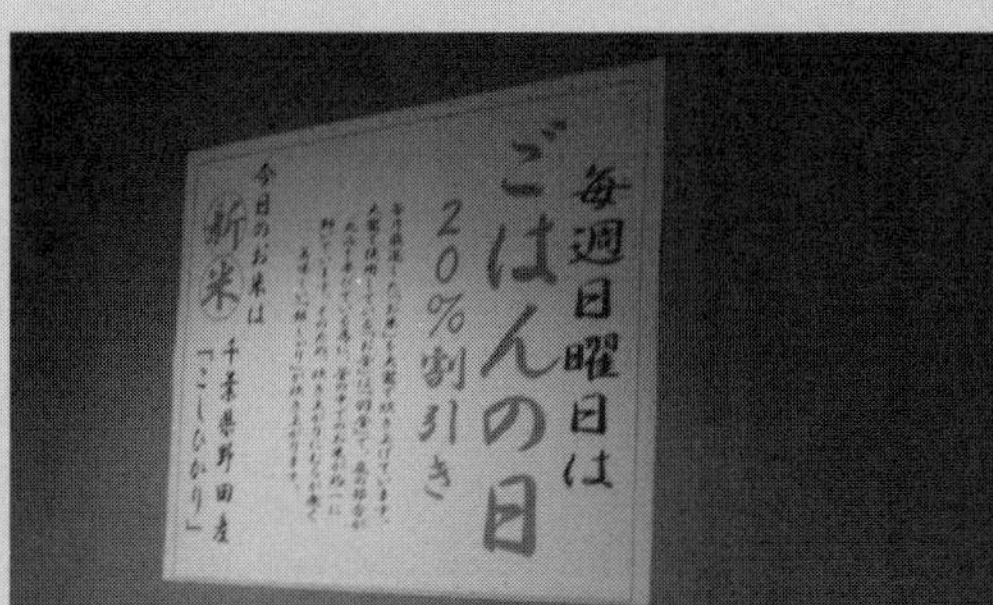

店内ＰＯＰで「ごはんの日」を訴求する

【骨太繁盛法則（6）】

「捨てる経営」が
競合に差をつける

01 調理カテゴリーをひとつ捨てなさい

飲食店が、利益を生むために取り組むべきことは数多くある。その代表的なものとして、綿密な「シフト計画」が挙げられるが、それよりも「調理カテゴリー数」の管理のほうが大切だと私は考えている。

●調理カテゴリー別売上げを把握する

グリルを使った調理やフライパンでの炒めもの、さらにはフライヤーによる揚げものなど、飲食店のメニューはいくつかの調理カテゴリーに分けることができる。

あなたの店は、この調理カテゴリー別の月間売上げを把握しているだろうか？　メニュー分析をする際、調理カテゴリー別の月間売上げと、調理人1人当たりの月間売上げ（調理カテゴリー別1人当たり月間売上げ）を、私は最重要な基準としている。

ただ、「焼きもの」という調理カテゴリーでも、同じ焼きものでの調理でも、炉やグリル、フライパンと違う調理器具を使う場合は調理器具別のメニュー売上げを集計したほうがよい。そして、その調理カテゴリーごとの担当人員を集計する。

このとき、人員の計算は正確であるに越したことはないが、あまり細かく数えていくと煩雑なので、平日と週末の人員配置を考え、1日平均の調理人員という大ざっぱな把握でもよい。さらに、調理カテゴリー別の月間売上げを担当人員で割ると、カテゴリー別1人当たり売上げを算出することができる。

それを計算式にすると、以下の通りになる。

調理カテゴリー別月間売上げ÷平均担当人員＝調理カテゴリー別1人当たり売上げ

●利益を生み出す仕組みを考えよう

あなたの店の調理カテゴリー別1人当たり売上げは、どの程度の数字になるだろうか？　私が相談を受けた、ある郊外型居酒屋での調理カテゴリー別1人当たり売上げは以下のようなものだった。

・主力商品の月間1人当たり売上げ

①刺身…60万円　②炉端焼き…150万円

③寿司…120万円

・その他商品の月間1人当たり売上げ

④揚げもの…150万円　⑤炒めもの…50万円
⑥サラダ、一品料理…70万円

この数字にはたいへん驚かされた。というのは、この店の「主力商品」でも、核となるべき刺身はこの数字から考えると利益を生まないからだ。原価から考えると、お値打ち価格で提供している刺身の粗利は50％。つまり、担当調理人1人当たりの月間粗利は60万円×50％（粗利率）＝30万円。つまり、30万円しか稼いでいないのだ。刺身の調理担当は2人で、平均月給は35万円。粗利が30万円だから、月の赤字が1人当たり5万円となる。

●捨てるべきカテゴリーと集中すべきカテゴリー

この店の場合、刺身は「主力商品」の核だから、赤字といってもやめるべきではない。こんなとき、致命的な失敗をしがちになる。それは、刺身の品揃えを減らすことで効率を高めようとすることだ。

しかし、そうするとてきめんに3～6ヶ月で刺身の売上げが減り始める。さらに、その後3～4ヶ月で、店全体の売上げも減少傾向となることが多い。

超繁盛店のある海鮮居酒屋が、核商品の「刺身」の品揃えを減らした結果、5年後に倒産したこともある。

このような場合、対策として考えるべきことは、売上増加策である。逆に、品揃えの強化やシズル感を強調した提供法、ボリュームアップなどの対策が有効だ。

実際、その郊外型居酒屋でも、そうした対策をとると、4ヶ月後には刺身の1人当たり売上げは110万円となって黒字化に成功した。主力型の商品には、より力を集中させる対策が必要となるのだ。

ただ、逆の対策が必要となるケースもある。この店の場合だと炒めものカテゴリーである。粗利計算をすると、赤字型の商品カテゴリーだったため、思い切ってこの炒めものカテゴリーのメニューをやめることにした。そして、その力を主力商品の強化に回すことにした。

最初の3ヶ月間は、お客様からのクレームや若干の売上減少が起こったが、その後は主力商品の売上げが急増して店全体の売上げも伸び始め、10％ほどの前年割れから、逆に前年比5％増という結果が生まれた。

しかも、炒めもの担当の人件費が削減され、人件費は売上比で約3％減少した。品揃えも、あまり幅広くすると力が分散されてしまう。効率が悪い調理カテゴリーをひとつくらい捨てて、主力カテゴリーに力を集中させてほしい。そうすることによって、大きな経営改善が実現するはずだ。

捨てる調理カテゴリーと集中する調理カテゴリーを決める

（海鮮居酒屋・H店での分析例）

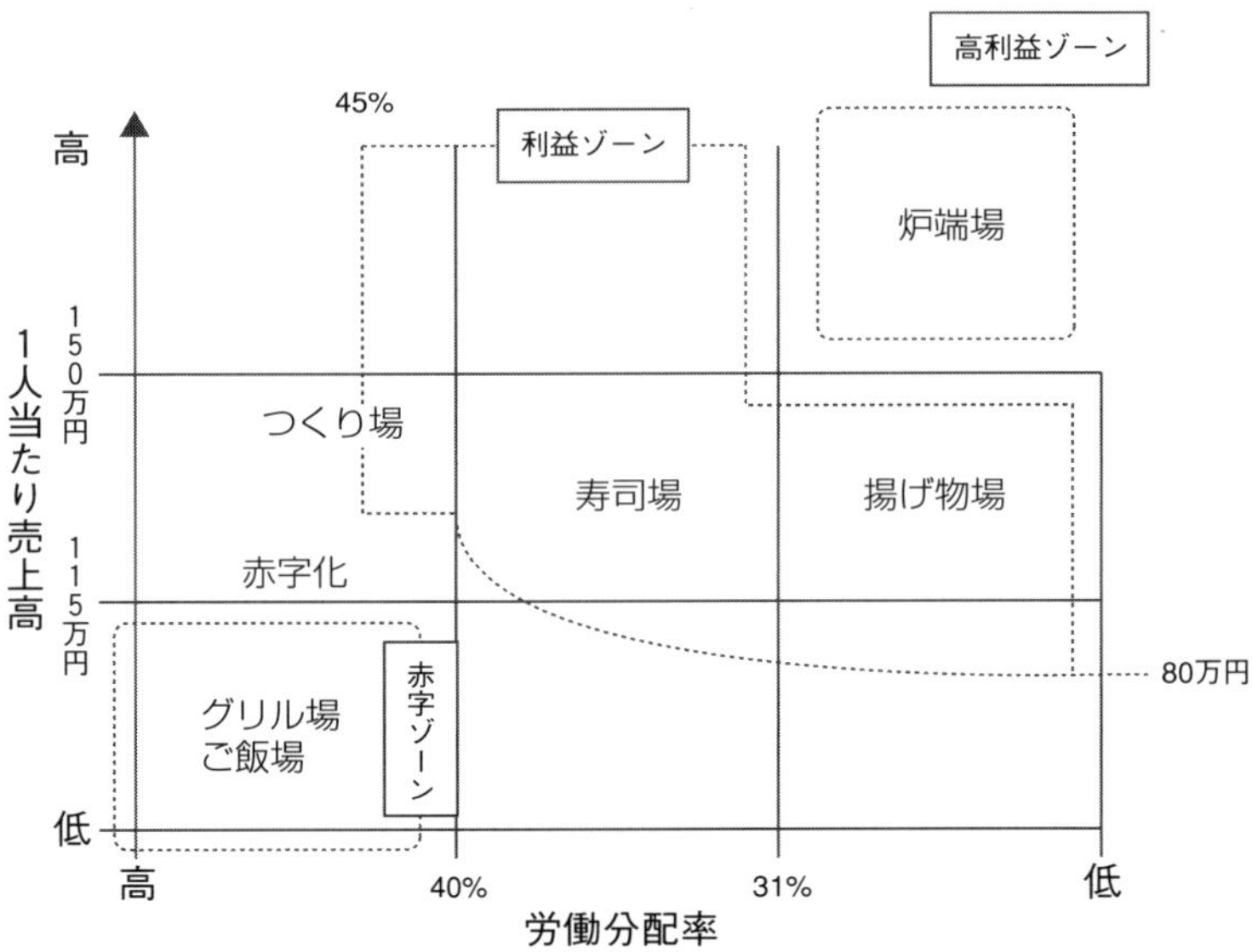

● 労働分配率 ●

		勤務時間合計	総時間	社員換算	人件費	1人当たり売上げ	分配率
つくり場	社員	280	362	2.0人	58万円	(230万円) 115万円	47.5%
	準社員	82					
	アルバイト	69.5					
寿司場	社員	20+340	360	2.0人	54万円	(270万円) 135万円	38.5%
炉端場	アルバイト	244.5	244.5	1.4人	24万円	(220万円) 157万円	16.8%
揚げ場	準社員	120	325.5	1.8人	39万円	(212万円) 118万円	25.7%
	アルバイト	205.5					
グリル	社員	250	505	2.8人	63万円	(188円) 67万円	50%
	アルバイト	255					
ご飯場	準社員	24	274	1.5人	28万円	(89円) 59万円	48.3%
	アルバイト	250					

02 「本物調理」をひとつ増やしなさい！

25～30年ほど前から、ファミリーレストランが隆盛になってきている。以前のファミリーレストランでのハンバーグの提供方法は皿盛りだった。ところが現在は、シズル感溢れる、鉄板で提供する方法が主流だ。しかも、お客様の目の前でハンバーグをカットする店も珍しくない。

ハンバーグというメニューひとつを見ても、これだけの大きな変化が起きている。

●「本物調理」で「時流」に乗ろう！

このような大きな変化は、お客様の「成熟化」「時流の深まり」によるものだろう。そして、その変化にきちんと対応していくことが売上げを伸ばし続けるコツだ。

①本来的、本物的なもの志向、②アナログ的なもの志向、③本能的なもの志向という「時流」が深化していく中、その流れに乗るためには、ひとつでもいいから本物調理を増やしていくことが重要である。

東京のある繁盛洋食店に行ったときのことだ。その店では、カウンターでハンバーグを注文すると、目の前のコックさんがフライパンでハンバーグを焼き始める。コックコートを着た調理人が、目の前でフライパンでハンバーグを焼き、最後にワインをかけて鮮やかに炎を立ち上げてフランベする。ユニホームやフライパン調理に、洋食屋としての本来感、本物感を感じた。しかも、炎で仕上げるというシズル感があり、ワクワクとした気持ちにさせていただいた。

お客様の目の前で、ご飯を炊くかまど、スパゲティーを茹でる大きな鍋、炭火、フライパン、銅鍋などで調理していく姿に、手づくり感、本物調理の要素を強く印象づけられる。これが本物調理だ。そして、その本物調理によるメニューや品揃えを、カテゴリーとして充実させることが重要なのだ。

それによって、その店のすべてのメニューに本物調理のイメージを与えることにもなる。

本物的、本来的調理方法をたとえひとつでも取り入れれば「時流」に乗ることができる。そして、その手づくり、手仕上げ調理によって、お客様はアナログ的かつ人間的な要素を強く感じることができ、本能も刺激される。また、これで「時流の深化」にも対応できるのだ。

●「本物調理」で「差別点」を作る

本物調理は、①本来的、本物的なもの、②アナログ的なもの、③本能的なものという「時流の深化」に乗れるだけではない。さらに大きなポイントは、そのことによって、お客様に強烈な印象を残せることである。これが、競合他店との「差別化」につながっていく。

前述のように、同じ「差別化」でも、より具体的にお客様に向かって表現をして、お客様自身にも体験していただけるような本来の「差別化」が図れるものを、私は「差別点」と呼んでいる。そして、「差別点」のある店は繁盛店となっているケースがほとんどなのだ。

あなたの店も、「本物調理」をひとつ増やすことによって、この「差別点」を作っていただきたい。そして、繁盛という結果を生み出していただきたい。

●「本格調理」は従業員をプロ化させる

東海地方のステーキ・ハンバーグレストランの地域一番店チェーンは、3年ほど前から「本物調理」を増やすことで業績を向上させている。

このチェーンの「本格調理」の売りものはごはんだ。元々は、「ライスロボ」という自動炊飯器を使っていたのだが、かまど炊きを導入した。

最初からうまくいったわけではない。自分で米を炊いたことがないアルバイト従業員が、手で米を研ぎ、かまどの火かげんを調整しながら炊き上げるのだから、炊き上がったごはんは固かったり柔らかかったり、自動炊飯器では考えられないほどのバラつきぶりだった。

ところが3年経った現在、「ごはん炊き名人」と呼ばれる従業員が、アルバイトを含めて何人もいるという。ごはんを炊くという技術が定着し始めたわけだ。

「本物調理」には、プロフェッショナルな技術が必要になることが多い。また、調理そのものだけでなく、パフォーマンス能力が求められる場合も多いため、従業員に求められる技術水準は自ずと高くなっていく。

しかし、技術が洗練されたプロのものになれば、お客様にとってうれしいものになるに違いない。それは、他店では見ることができない、味わうことができない「差別点」ともなり得るものだ。

お客様が求めるものを、「本物調理」によって真摯に追求していけば、従業員の能力や技術を高め、しかも「時流」に乗ることができるのである。

薪火で「本物調理」をする

アメリカの繁盛ステーキレストラン「ザ・ファイア」では、薪火を使って調理している

釜戸炊きで「本物調理」をする

横浜の居酒屋「伝兵衛」では、ごはんを釜戸炊きで提供している

03 従業員誰からも「見える」経営に変えなさい

ある会社の事務所を見て驚いたことがある。詳細は後述するが、今まで見たことがないような事務所だったのだ。

その会社は、郊外型のレストランをチェーン展開しているが、日本経済新聞で飲食業で2番目に高い経営利益率と評価されるほど利益性の高い経営をしている。売上げも、前年比10％増以上という実績だ。そんな骨太な経営を続けているコツを聞いたのだが、その話を聞いて、またびっくりさせられた。

現在は絶好調のこの会社だが、必ずしも順風満帆だったわけではない。5年前のBSE問題による大幅な売上減少で、4年前に5億円を超える赤字に転落。この会社は、ステーキとハンバーグの専門店レストランを展開していたため、BSE問題で大きな影響を受けたのだ。

●ゼロ視点で経営を見直す

しかし、この会社のすごいところは、BSE問題を赤字の主要な原因とは考えず、すべてを内容要因として考えたことだ。すべてのことを、いったんゼロとして白紙に戻して考え、経営を整理していったのである。

ゼロ視点で経営を見直すことで、大きな課題が浮かび上がってきた。まず、本部のスリム化である。自分たちの足元からの活性化が必要だと考え、生産性の高い小さな本部づくりをしていこうと、現状の見直しを進めていった。

この会社で私が驚かされたのは、従業員は共用で机を使っているため個人用の机がなく、さらに個人用の事務用品もないことだった。もちろん、個人用コンピュータもなく、共有で「使用中」「使用終了」の札を掲示していたことだった。

また、すべての仕事の内容がグラフで掲示されていて、ひと目で仕事の進行状況がわかるようになっていた。

事務所を見渡すと、事務用品や個人用収納箱など、すべてが壁に設置された棚に定位置で管理されているのがわかった。机の上には不必要なものは一切なく、コピー用紙や文房具も、誰でもどこにあるかがわかるようになっていた。コピー用紙をよく見ると、ここまで減ったら追加発注をするという目印がつけられていた。事務所内が、すべて「見える」状態になっていたのだ。

●「見える」ことが「衆知結集」を生む

最初は、個人用の机や事務用品、個人用パソコンなどがなくなることに、本部勤務の従業員の多くは反対だったと言う。しかし、すべてが「見える」ことによって、従業員はそれぞれ自主性が高まり創意工夫も進んでいるようだ。現在は大きな不満もなく、チームで話し合って自主的に改善していると言う。さらに生産性を高めるために、定期なミーティングを続けている。

しかも、年商80億円を超える企業の本部に、社員は通常5～7人しかいないという。極端に少ない人数だが、逆に生産性が非常に高いということも予想できる。本部を活性化させ、それを続けることにも成功したのだ。そして、現在もそれが続いている。

そして、情報や管理表、事務用品などを共有し、すべてを「見える」ようにしたことで従業員の「衆知結集」が生まれ、それが高い生産性につながっている。

●現場も「見える」ようにする

店舗の現場では、店長やリーダーの指示命令で動くことが多く、従業員は指示された以上のことをしない状態になっているところも少なくない。

そんな現場の活性化のためにも、「見える」ようにすることは有効である。たとえば、満面の笑みや優しい表情でのアイコンタクトなど、サービスの「見える」化だ。

具体的には、重点を置くべきサービスを写真で示し、ポイントやキャッチフレーズを入れてバックヤードに貼っておくなどである。その重点サービスができていれば○、うまくできていなかったら△、できていなかったら×をつけ、「見える」ように表やグラフ化して評価する。

また、商品の「見える」化もいいだろう。重点を置く商品の写真にポイントを記入して貼っておく。持ち場ごとに重点商品を決め、作業場所近くに貼っておく。

さらに、在庫を「見える化」する。冷蔵庫や棚の扉部分に収納されている商品名と基本在庫量などを記入し、発注の目安にする。そして在庫の定位置化、定物化、定量化を図っていく。

以上のような三つの現場の「見える」化を行ない、少人数のチームで定期的に改善ミーティングを開催する。

さらに、全体ミーティングで改善策を報告するというシステムを作ることで、現場の「衆知結果」も進んでいく。

名古屋「ブロンコビリー」

本社事務所では机が共有されていて、個人用の机はない

事務用品を共有し、まとめて棚に収納している

04 「強み」に集中せよ

札幌に、玉藤というとんかつのチェーン店がある。3章で、お客様を外までお見送りする店として紹介したが、出店ラッシュをかけて業績も好調だと言う。

10年ほど前、とんかつ店ブームが起こり、新規開業があいついだ。しかし、そのブームが去った後、売上減少傾向の店も多く、撤退する店も少なくない。

●平均的ではなく、「いびつ」なほうがいい

あるとき玉藤では、既存店で、新規出店のための実験的な試みとして、際立った特徴を持つ商品を投入することになった。それまでの丸藤は、品揃えの種類や価格など、商品の特徴は他のとんかつ店と大差はなかった。「平均的」なとんかつ屋チェーンで、「職人による手揚げ」を差別化戦略としていたのだが、残念ながらほとんどの店のキッチンは客席から見えない構造のクローズド型だった。

差別化戦略である「職人による揚げ」は大きな特徴とは呼ぶことができず、お客様の目に見えるぐらいの具体的化された差別化である「差別点」にはなっていなかった。

他店と比べて、とんかつはおいしいという微妙な味の差はあるものの、それは「差別点」とは言えるものではない。そこで、誰の目からも明確に他店との違いがわかる「差別点」が作れる商品を投入することになった。

その商品の特徴は厚さとボリューム。厚さ2cm、そして豚肉160gと180gというボリュームのとんかつである。それまでは120gのとんかつだったから、1・4～1・5倍という重さでボリューム満点だ。厚さも、それまでは5mmぐらいだったため、約4倍ものボリュームである。

当然、それまでの丸藤のとんかつとも他店のとんかつとも、見た目からもまったく違うものとなった。「平均的」な品揃えの中、突然そんな「いびつ」な感じのする商品を投入したわけである。

その新メニューは、2ヶ月ほどすると急激に出数が伸び始めた。そして、口コミでお客様に伝わっていき、3ヶ月後には売上げも絶好調、前年比10%増以上の結果を出すようになったのである。

●「強み」に集中してこそ、結果が生まれる

さらに新現店では、既存店での取り組みを生かすために、「平均的」な視点を排することにした。他店との品揃えや特徴が大きな差になっていない現状に鑑み、「平均」であればいいという視線ではなく、自店の「強み」を明確にする視点を持った取り組みをしていこうということになったのである。

つまり、視点も「いびつ」にする方針に転換したのだ。他店とは違い、品揃えや商品特徴がひと目でわかる明確な差を持つように、自店の「強み」を明確化することに集中して取り組んだのである。

具体的な施策としては、次のようなことである。

①「厚切り」…厚さ2cm以上のトンカツ

②「ボリューム」…基本は豚肉160gとして、400gまでのとんかつをメニューにする

③「カテゴリーの絞り込み」…既存店のメニュー、丼物、膳物をやめ、とんかつ定食に絞り込む

④「職人手揚げの強調」…既存店も職人の手揚げだったが、新規店ではオープンキッチンにして、職人による手揚げがお客様から見えるようにする

⑤「大型銅鍋の使用」…既存店はフライヤーを使っていたが、新規店は特注による大型銅鍋を使う

この五つの「視点」で、新規店の店づくりが計画されるようになった。自店にわかりやすい「強み」を作り、徹底的に「集中」することにしたのである。

丼物や膳物など、調理工程の違うカテゴリーのメニューを廃止し、技術を必要とする銅鍋による調理に集中する。商品の特徴も、厚みとボリュームに集中する。

しかも、それがよりお客様に伝わるように、新規店ではオープンキッチンで調理し、厚みやボリュームに関しても2cmという厚切りにして、他店では見られないとんかつになった。「強み」をより具体化し、それに集中したわけである。

その結果、新規店では60坪で月間売上900万円という好業績を維持しているらしい。しかも開店以来、毎月15〜17%という経常利益率を残している。

もちろん、新規店で成功した施策は、既存店でも導入するようにして、既存店の業績も上がってきている。

「平均的」な視点で取り組む時代は終わった。

自店に、「いびつ」とも思えるほどの「強み」を作り、それに集中する。それが、これからの飲食店経営の決め手になるのである。

札幌のとんかつ屋「玉藤」のメニューは
いい意味でいびつだ

05 「捨てるサービス」と「増やすサービス」

「お客様第一主義」「お客様思考経営」をはじめ、お客様を中心とするという経営課題は、今では常識になってきている。しかし、それをお題目としただけでは何の意味もない。

●サービスは利益を生むか?

サービスをよくしていけば売上げが伸び、その結果、利益も作られていく。こう考えるのは当たり前のようになっているが、はたして本当にそうなのだろうか?

多くの飲食店で体験してきたことだが、営業会議でサービスの強化がテーマになり、たとえば「店の外にまで出てお客様のお見送りをしよう」ということになる。

翌月、会議でお客様のお見送りの取組状況を確認すると、多くの現場では実行できていないと言う。その理由は、人の余裕がないため。そして、今月は努力して取り組んでいこうという結論になるのだが、翌月の会議でも同じような結果になることが多い。

そのうち、お客様のお見送りというサービス強化策は、なし崩し的になかったことになってしまう。多かれ少なかれ、飲食店の現場ではこのようなことが多い。

また逆に、お客様へのサービスに真面目に取り組んでいる店でも、人件費がかさんでいってしまい、結局、続けられなくなるというケースもある。

そのような現状を見ていくと、本当にサービスをよくしていくことが利益を生むのか、疑問に思えてくる。

新しいサービスを始めるということは、従業員に新しい「負担」を強いることに他ならない。

その「負担」を減らすために人員を増やすと、人件費が増えることになるため、そこまでして取り組むことは難しい。新メニューを増やすことが、それほど「負担」にならないのは、新メニューの調理がそれまでの調理工程に収めることが可能だからである。

新メニューでも、従来の工程からはずれた調理が必要な場合、商品提供の遅れや品質のバラつきを招くこともある。調理担当者の「負担」も増えるし、生産性が悪化して売上アップどころか利益ダウンにもなりかねない。

実は、それはサービスでも同じである。「負担」を増やさない形でお客様へのサービスを強化していけば、すべてが丸く収まるのだ。

そのためのポイントは、次の二つである。

①既存の仕事の流れで収められるサービスを加える

②新しいサービスを始めるなら、既存のサービスを見直し、「負担」を減らしたうえで実行する

つまり、コストを考えないとサービスのためのサービスになってしまうということだ。

●捨てるべきサービスと増やすべきサービス

最近、胸の前で手を合わせてお辞儀をするサービススタイルをよく見かける。お客様への挨拶として礼儀正しいようにも思えるが、何か違和感を覚える。

80~90年代のファミリーレストラン全盛期の頃のサービスの基本は礼儀正しさだったが、現在、その頃に比べて、お客様ははるかに成熟している。礼儀正しさはマニュアル化が徹底されていると感じてしまうのだ。

つまり、外面的な礼儀正しさよりも、お客様一人ひとりに対する対応に心がこもっているほうが重要なのだ。

サービスを新しく始めようと思ったら、ある程度、捨てることも考えなければならない。新しい仕事が増えれば、現場の「負担」ばかりが増えて人が定着しづらくなる。そう考えると、「礼儀正しさの視点」からマニュアル化したサービスは捨てるべきかもしれない。

この場合、完全に捨てるわけではなく、重視しなくなるという意味だ。客商売なのだから、お客様への「礼儀」を捨てるということではなく、ルーティン化した形式的な礼儀正しさを捨てるということである。

ヘビーユーザー化したお客様の立場に立ったサービスとは、一人ひとりのお客様の要望に応える「個別対応」のサービスであり、その基本はやはり礼儀である。

具体的に言うと、次の3点に集約される。

①おざなりのスマイルではなく、心からの満面の笑み、優しい表情でのお客様へのアイコンタクト。

②「少々、お待ちください」という慇懃無礼にも思える応対はやめ、「はい」を最優先してすぐに対応する。

③「こちらがおすすめメニューです」で終らせるのではなく、できる限り詳しい商品説明を行なう。

今まで重要視されてきた「礼儀正しさ」ではなく、「個別対応」の視点へとサービスの要点を変えることが必要だ。「増やすべきサービス」と、「捨てるべきサービス」を、「お客様第一主義」「お客様思考経営」で考えていただきたい。

満面の笑みは「増やすべきサービス」

日本でも、欧米人のようにてらいのない笑顔で接客したい
（アメリカ繁盛店視察ツアーでのスナップ）

お見送りも「増やすべきサービス」

06 より売るために、「量」から「価値」へ視点を変えよう

メニューの品目数やアイテムは増え続けるのが、一般飲食店における「原則」である。売上前年割れや競合店の出店などがあれば、何らかの対策が必要となり、新メニューを投入するケースが多い。

しかし、新メニューを加えたからといって、既存のメニューをなくすかというと、そうではない。まったく動きが止まったメニューなら別だが、そこそこ売れていれば、新メニューが既存メニューの売上げを上回る保証はなく、売上減少を招くという不安もあるため、新メニューの半分ほどしか減らさないようだ。

また、メニューの数を増やしても、それほど調理の負担にはならないため、メニューは増え続けることが多い。

●「量」の視点の経営は、結果として収益を落とす

メニューアイテムが常に増え続けるということは、「量」の視点によるものである。勉強熱心な経営者や店長も、勉強熱心であるがために「量」の視点に陥りやすい。

勉強熱心な経営者や店長は、繁盛店や新規開業店を常にチェックしている。すると、売れ筋や特徴あるメニューを自店にも導入したくなる。

本来、飲食店はどのようにしてその店なりの「価値」づけをするかという「質」の視点を重視すべきなのだが、品揃え強化はわかりやすいため、「量」の視点へと流れやすい。しかし、品揃えの強化、すなわちメニューの増加は以下のような三つの大きな欠点を持つ。

①メニューの同質化…自店も競合店も、繁盛店やモデル店の売れ筋や一番商品を導入することになるため、同じようなメニューになってしまい同質化してしまう。その結果、自店の「強み」や「主力商品」が不明確となる。

②在庫の増加…メニューアイテムが増えるということは食材の種類が増え、在庫が増加傾向になる。既存の食材のみでできる新メニューの場合は別だが、コストが高まり、在庫回転率も低くなってしまう。その結果、原価率は上昇して利益率も低下していく。

③調理の生産性の低下…新メニューの調理ポジションで、既存メニューが減らない場合、作業の「負担」は

増加し、しかも煩雑になっていく。新メニューを投入して、担当調理部門の総売上げが伸びたら、調理人1人当たりの生産性が上がって利益性は高まる。しかし多くの場合、その逆のケースが多い。「負担」が増えたうえに作業は煩雑化し、その調理ポジションにおける総売上げは伸びていないケースのほうが多い。その場合、必然的に利益性は悪化していくことになる。

●「価値」を売る視点へ転換せよ

「量」の視点でメニューを増やしても、労多くして功少なしなのだ。「質」の視点で、自店メニューの独自性や「強み」を、より訴求する方向を考えたほうがいい。

つまり、より売れるように、メニューに新しい魅力づけをする工夫を考えるべきなのだ。

新しい魅力づけを加え、売上アップを図る基本のひとつは、店のメニューに「顔」を作ることである。

前述のように、「顔」を作るということは、主力商品の品揃えを強化することである。もちろん、それだけでは売上アップは図れないほどお客様の要望は深まっているため、それに対応するには、次に挙げるような四つの「価値」を売る視点を考えなければならない。

①**ボリューム**…厚さや量、大きさなどでボリュームを持たせることは、「価値」を売るための基本中の基本だ。ボリュームでお値打感や満足感が高められる。

②**シズル感**…湯気が立ちのぼったり、ジュージューと音がするほど熱くなった鉄板で料理を提供したり、氷の上に盛りつけるなど、お客様の本能を刺激することで、おいしさ感を強烈に印象づける。

③**目の前での実演**…目の前でワインやリキュールでフランベしたり、パルメザンチーズをチーズグレーダーで削って最後の仕上げをする。お客様の目の前での仕上げは、印象をより強いものにする。

④**ストーリー性の付加**…その商品の調理方法や食材の産地、特徴、仕入方法など、商品の特徴をメニューブックに書いたり従業員に説明させる。

これら四つの切り口によって、「価値」を売るという視点による主力商品の強化を図ることができる。

飲食店は食事をするだけでなく、お客様がエンタテインメントとして、アミューズメントパークのような楽しむ仕掛けが必要な時代になってきている。

そのためには、品揃えを重視した「量」の視点から、お客様が楽しめるその店の「強み」を伸ばすことが不可欠なのだ。

「量」から「価値」へ視点へ変える

メニューブックに食材の情報を細かく掲載するのもいい

お好きなご飯をお選び下さい（お替り自由）

五目ご飯（5種類の具だくさん）

磯の風味がとても美味しいです。鰹ぶしを使っただしに筍・人参など五種類の具を混ぜ合わせました。

十穀米（発芽玄米と八種の穀物）

新潟産コシヒカリ

日本を代表する「新潟産」。品質、つや、甘みを重視しコシヒカリ100％を使用しております。

はじめの十穀、
なかの五目…

1杯目はおすすめの「十穀米」、新潟産コシヒカリに発芽玄米と八種類の穀物（もちきび・もちあわ・黒米・大麦・はと麦・アマランサス・赤米等）をブレンドした美味しさと栄養素がたっぷり詰まった健康的なご飯を、2杯目は筍や人参など5種類の具を混ぜ合わせた「五目御飯」最後の締めとして熱々の炊きたて新潟産コシヒカリ、どうぞ挑戦してみてください。

お好きなお味噌汁をお選び下さい

白味噌（米・大豆使用）**みつ葉・なめこ汁**

白味噌（かつお一番だし使用）**生わかめ・豆腐汁**

赤だし（豆味噌7・米味噌3）**しじみ汁**

味噌汁　単品 **180円**（税込189円）

味噌汁はやっぱり
「赤だし味噌」

北海道では馴染みが薄い「赤だし」ですが、下町の懐かしいとんかつ屋さんでは今も「とんかつには赤だし味噌汁」を守り続けています。頑固なところが良いですね。

玉藤も明治時代に戻って、豆味噌（三年味噌のねさし）と米味噌を独自にブレンドして味わい深いコクと、上品で清楚な香りが見事に調和された赤だし味噌を再現しました。具のしじみとの相性も最高、どうぞご賞味下さい。

お飲み物

サッポロクラシック樽生ビール	450円（税込472円）
サッポロクラシック樽生一口ビール	280円（税込294円）
冷酒　300ml	650円（税込682円）
コーラ	250円（税込262円）
ウーロン茶	250円（税込262円）
100％オレンジジュース	250円（税込262円）
100％りんごジュース	250円（税込262円）
スーパークリア（低アルコール）	380円（税込399円）

秘伝のソース　創業以来、変らぬ味

ウスターソースをベースに秘伝スパイスをブレンド。飽きの来ない味わいの辛口ソース、果物・野菜の旨みを凝縮し、水あめでさっぱりした甘みをかもし出した味わい深い甘口ソース。すりゴマの香ばしさと香り、辛口ソース、甘口ソースをお好みでブレンドするのが玉藤流。現在、有名スーパー、百貨店でも発売中。

お持ちかえり

メニューの商品は全てお持ち帰りできます。（名物鉄板みそかつ・かつとじ物を除く）
お持ち帰りのお弁当にはご飯もついております。又単品のお持ち帰りもできます。老舗の味を是非ご家庭でもお楽しみ下さい。

【骨太繁盛法則（7）】

主力商品で儲けなさい！

01

「主力商品」は月商150万円は売りなさい

アメリカ繁盛飲食店視察の際、ニューヨークで「カサモノ（Ｃａｓａ　Ｍｏｎｏ）」というスペイン料理の名店に行ったことがある。ニューヨークのカリスマシェフ4人のうちの1人マリオ・バタリ氏がオーナーの超繁盛レストランだ。ちなみにバタリ氏は、「Ｐｏ」を皮切りに「Ｂａｂｂｏ」「Ｌｕｐａ」「Ｅｓｃａ」「Ｏｔｔｏ」などの他、数々の有名レストランを手がけている。

●主力の調理カテゴリーの売上げを伸ばせ

「カサモノ」は広さ30坪前後という小さな店だが、いつ行っても満席という超繁盛店である。料理のレベルも非常に高い店だが、びっくりさせられたのは、グリドル板だけでほとんどのメニューの調理をこなしていたことだ。

グリドル板を使用しないメニューはサラダくらいなものだ。しかも通常、グリドル板の調理担当者は2名。ピークでも3人というが、月商１２００万円以上はあるに違いないと思った。

仮に、月商１２００万円あるとすると、ワインやドリンク関係の売上げは30％程度だろうから３６０万円。すると、料理の売上げは月間８４０万円となる。そして、グリドル板による調理メニューの売上げが90％とすると、約７５０万円がこのカテゴリーの売上げとなる。

調理担当者は２～３人。仮に２・５人で計算すると、（７５０万円÷２・５人＝３００万円）で、主力調理カテゴリーの調理１人当たりの売上げは３００万円になる。

仮に、調理担当者の給料が30万円とすると、その10倍の売上げを上げていることになる。

このように、主力の調理カテゴリーの売上げを伸ばしていけば、自ずと収益率は上がって儲かるようになるはずだ。

これが繁盛の原点、と改めて私は思った。

この店の場合、スペイン料理の中でもグリル専門店としての店の「顔」を明確に打ち出して集客力を高めている。しかも、メニューのほとんどをひとつの調理カテゴリーに収めているのだ。日本でも、やきとり専門店やスパゲティー専門店、ハンバーグ専門店など、専門店化している店はたくさんあるが、ここまで徹底させていると ころは少ないだろう。主力の調理カテゴリーを徹底的に売ることを、もっと考えるべきである。

●「主力商品」の月間売上げこそ重視せよ

以前、私が在籍した船井総合研究所では、年収の3倍以上の粗利を稼ぎなさいと言われ続けていた。私自身もそれを心がけ、部下にもそう言い続けてきた。このことが、船井総合研究所が経常利益率20%を超えるという、骨太な経営を続ける基盤になっているのだと思う。

このことは、飲食店でも同じと考えている。しかし、ほとんどの店は売上げと利益、人件費と原価の四つの数字しか把握していないのが実情だろう。

これでは改善などできるはずはない。もっとも把握すべきことは、「主力商品」の月間売上げだからだ。

たとえば、10～12坪ほどの小さなやきとり居酒屋なら、従業員は自分を含めて2人程度だろう。この場合、多少なりとも利益を上げながら経営していくために必要な月間売上げの目安は150万円と考えられる。

売上げのこの数字が、専門店のひとつの原則になると私は考えている。そして、専門店でなくても、「主力商品」のカテゴリーで150万円の月間売上げを達成することができれば、自店の「主力商品」は、専門店の商品と同格になると考えられる。つまり、「主力商品」カテゴリーのメニューで、専門店が持つ「集客力」を作ることができるのである。

さらに、その波及効果として、「主力商品」以外のメニューの売上げも上がっていくことになるから、店全体の売上げも大きく伸び始める。

「主力商品」のカテゴリーで、月間150万円を売上げられるようになったら、次の段階として担当調理人1人当たりの月間売上げ150万円に挑戦してほしい。そして、それを達成することができたら、180万円、200万円とより高い数字を目標にしていく。

飲食店経営では、売上げ、利益、人件費、原価という数字は欠かせないものである。しかし、なかでも売上げこそ経営の基本であり、儲けるための基盤ともなる数字である。数字を見るのにも、いかに売上げを伸ばすかを考えなければ意味がない。

そのためには、「主力商品」の月間売上げを細かく分析して目標を設定することが重要なのだ。そして、その数字からも「主力商品」の「強み」の強化、磨き込みの方法も見出すことができるだろう。

「主力商品」が売れてこそ、利益が生まれてくる

ニューヨークのスペイン料理の名店「カサモノ」では、ほとんどのメニューをグリドルでこなしていて生産性が高い

札幌「フルーツケーキファクトリー」は、フルーツの旬で「主力商品」が変わる

02 「積極的ロス」と「消極的ロス」を使い分ける

ある海鮮居酒屋は、売上げの原価率は35～36％程度で推移していた。「主力商品」は刺身と寿司であり、原価率は刺身45～55％、寿司40～45％というように、「お値打ち」メニューとして提供していた。その他のメニューと「粗利ミックス（低粗利商品と高粗利商品の構成によって全体の粗利率や原価率を調整する方法）」して原価率を抑えていたのである。

●「消極的ロス」が赤字を生む

しかし、あるとき原価率が38％にアップし、その後も2ヶ月ほど、38～39％という数字が続いた。

その理由がよくわからなかったため、私は会議で店長や調理長に話を聞いてみることにした。

原価率がアップする理由はロスにある場合が多い。しかし、いくら聞いてみても、ロスは発生していないと言う。ところが少し突っ込んで聞いてみると、やはりロスはあったのだ。

最近、この店では刺身のまぐろを、冷凍から生に変更した。生のまぐろは売れ残ったらロスになってしまうが、売れ残ったまぐろは寿司にしたり炙りにして、別メニューで売っているため、ロスはないはずだということだった。それは、ロス対策としては理に適っている。

しかし、寿司や炙りなどの別メニューの価格を聞いて驚いた。原価率はほぼ１００％だったからだ。

現場からすると、まぐろを捨てているわけではないから、ロスにはなっていないという理屈だ。

ところが、きちんと計算してみると、このロス対策が全体の原価率を２％も引き上げる要因となっていることがわかった。

売れ残って捨てればロスになるから、加工して安い値段で売り切る。これは正しい対応なのだが、結果としてはロスが生じてしまうのだ。

これが「消極的ロス」と呼ばれるものだ。

衣料品店では、「消極的ロス」の典型的なケースがよくあると言われる。夏前にTシャツを仕入れると、シーズン初めは定価販売できるから粗利もきちんと確保できる。

しかし、冷夏などの天候不順があれば、売れ行きが止まって大量に売れ残る。そして結局、バーゲンなどで売り切ろうとすることがほとんどだろう。

そして、シーズンを通してのTシャツの粗利を計算すると、利益が出ていなかったということは珍しいことではない（そのため、衣料品店は原価率を極力抑えるのが常識になっている）。

この店のまぐろも、「消極的ロス」の典型である。売れ残ったまぐろを寿司や炙りなどの別メニューにするのはいいが、生のマグロの販売見込みが甘かったことがそもそもの原因なのである。

販売計画が甘かったということは、これくらいは売れるだろうから、品切れしないように少し多めに発注しておこうというような、計画とは呼べない見通しだったわけだ。

まず、「これくらいは売れるだろう」ではなく、「これくらいは売りたい」と考えていただきたい。そして、目標に向かって売っていくためにはミーティングを重ね、積極的なおすすめ策を話し合ったり新しいＰＯＰの作成をするなどの販売計画を立てるべきなのだ。

まぐろを冷凍から生に変えるのは、「本物志向」という、店からも評価できる積極的な施策だ。しかしこの店では、その「強み」をお客様の目に見えるような形で示すことができていなかった。きちんとした販売計画がなかったからこそ、「消極的ロス」が発生したのである。

●「積極的ロス」は売上げを作っていく

「消極的ロス」とは逆に、２章で紹介した郊外型の海鮮居酒屋チェーンは、「積極的ロス」で売上げを大きく伸ばした。このチェーンのある店が、活き伊勢エビを売ってみたところ大成功した。それで、全店で活き伊勢エビのメニューを導入することになったのだが、売れ残れば大きなロスになってしまう。

ロスは出さないように努力するが、たとえロスが出ても、パワーアイテムとして、また店のイメージアップのためにもどうしても挑戦したい品目だった。そのため、「これだけ売りたい」という販売計画もしっかりしていた。

結局、ロスも発生したが、しだいに伊勢エビの出数は伸びていった。そしてその波及効果で、店全体の売上げは対前年比10％以上増になったのである。

販売計画をしっかりと立て、きちんと目標を設定して挑戦していく。そのうえで発生するロスが、「積極的ロス」なのである。その結果、「積極的ロス」は売上げを伸ばし、利益を高めていくことができるのである。

「積極的ロス」は他店との差別化を生む

活き伊勢エビという高単価商品を「売ろう」と挑戦するなら、
ロスが生まれてもよしとすべきである

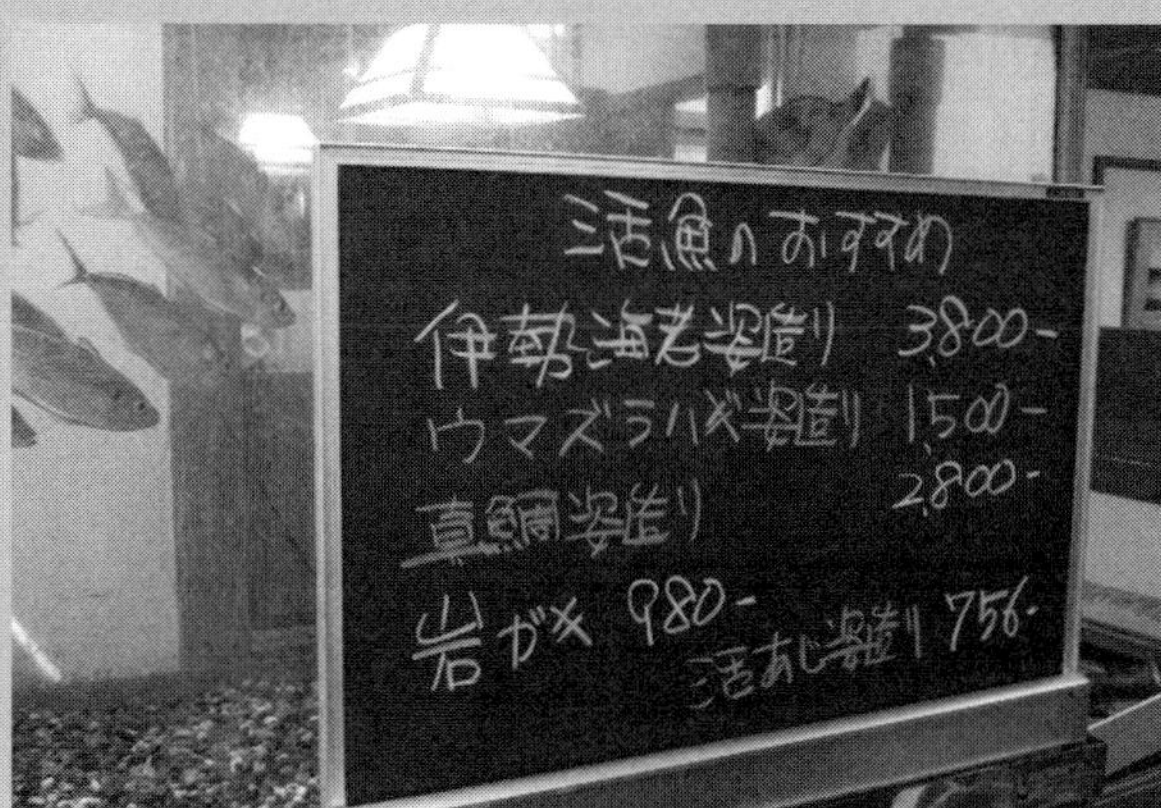

03 「主力商品」をエキサイティングにしよう

ある郊外型の居酒屋は午後5時から11時までの営業で、坪当たりの年間売上げが250万円を超えていると言う。しかし、ここ最近は月間売上げで前年割れが起こることもあり、必ずしも順風とは言えない。

●商品の「質」は売上げを伸ばすか?

この店ではこの2年ほど、刺身を産直で仕入れている。お客様のヘビーユーザー化が進むなか、客離れを防ぐために、刺身という「主力商品」の強化を図ったのだ。

この強化策によって、1年間は売上げは順調に伸びていった。しかしその後、伸び悩みが始まった。

営業会議の際、みなさんの意見を聞いてみると、〝はっ〟とするような意見があった。

この店の主力商品の刺身だが、「盛り込み」が「一番商品」であり核となっていた。しかし、刺身の盛り込みをお客様の席に持っていくのに気が乗らないことが多い、と言うのである。少し詳しく話を聞いてみると、盛り込みの内容が貧弱だからだと言う。

産直が進んでいくにつれて、以前のボリュームに比べてしだいにボリュームがなくなっていったらしい。〝はっ〟としたというのは、思い出すことがあったからだ。新規開店したときのことを思い出したのだ。

もともとこの店は、商店街で小さな食堂を経営していたのだが、地方の他の商店街と同様に斜陽化していき、いわゆるシャッター通り商店街となっていた。

そこで、将来性を考えて店舗を郊外に移して、大型居酒屋へと転業することにした。

それまで経験のない業種だっただけに、開店までの苦労は並大抵のものではなかった。しかし、開店までに十分に納得できるような体勢をとることができなかったため、刺身の盛り込みのボリュームに関しては、お客様の誰もが満足のいくものにしようとした。

その結果として、ボリューム感溢れる刺身の盛り込みは、お客様にたいへん満足していただくことができた。そして、それが繁盛へとつながっていったのだ。

この店の原点、「強み」はボリュームにあったのだ。

それが、産直化による品質重視の結果、おざなりになってしまった。その結果、固定客が離れていったのではないだろうか。

仕入れを産直にしたのは、お客様のアンケートに、「日頃食べられないような珍しい刺身を用意してほしい」という意見が多かったからである。しかし、それはお客様の本当のニーズではなかったわけだ。

また、その意見が正しくて品質を上げたとしても、「強み」になっていたボリュームを疎かにするべきではなかったのだ。

●商品はエキサイティングでなければならない

お客様を満足させるには、「主力商品」がエキサイティングでなければならない。それはなぜか?

心理学で「ハロー効果」と呼ばれる用語がある。第一印象、あるいは評判などによって、本来よりもいい評価をしてしまうことだ。ちなみに、「ハロー」は「ＨＥＬＬＯ」ではなく、「Ｈａｌｏ」で「後光が差す」という場合の「後光」である。

つまり、主力商品がおいしいというエキサイティングな印象をお客様に与えることができれば、「ハロー効果」によって、食べたことがない商品も「主力商品」同様、好印象を持ち、おいしいと思ってしまうのである。

この居酒屋のケースで言うと、「刺身の盛り込みのボリューム感はお客様の本能を刺激してエキサイトさせる。その結果、お客様は他の商品に対しても同じような見方をするのだ。

しかし、産直を進めたことでボリュームがなくなり、お客様にとってエキサイトする要素もなくなってしまった。もちろん、おいしくなったわけだが、それ以上にお客様は、ボリュームに期待していたのだろう。さらに、他の商品に対する興奮もなくなり、業績は悪化していったものと考えられる。

繁盛のためには、まず「主力商品」をエキサイティングにすることが大切なのだ。

これまで述べてきたように、お客様をエキサイトさせるコツとして、ボリューム感を含めて七つのポイントがある。それは、①ボリューム感、②第一印象の熱さ、冷たさ、③見た目の色の鮮やかさ、④物語性、⑤具だくさん、⑥新鮮さ、みずみずしさ、⑦評価などである。

この七つすべてを実行する必要はない。自店の「強み」をさらに強化できるものを選んでいただきたい。お客様が心からエキサイティングできるように、内装、ＰＯＰなどで、それを強く訴求することも大切だ。

商品をエキサイティングにする

定食でも刺身を皿いっぱいに盛りつける

カフェラテもカップいっぱいに注ぐ

04 熱いものをより熱くする「工夫」をして売れ

お付き合い先のある会社は、喫茶店のフランチャイズチェーンに加盟している。その会社での会議まで少し時間があったため、店でコーヒーを飲むことにした。

ひと口飲んだとき、まずいと感じた。それは、コーヒーがぬるかったからだ。その後、よくよく味わってみると、良質のコーヒー豆をきちんと焙煎して、香りも味も悪くなく、レギュラーコーヒーとしては他店に劣らないものだった。

しかし不思議なことに、最初に感じた印象は最後まで消えることはなかった。

●「第一印象」ですべてが決まる

会議で何気なく、社長にコーヒーの味のことを話した。するとこう言われた。「そうだったのか……。ときどき、アンケートにコーヒーがまずいという意見があったのですが、味には自信があったので、味覚の違いかと思い込んでいました」と。そしてすぐに、ぬるくなったコーヒーをお客様に出さないように指示を与えていた。

そのとき、ふと思ったことがある。以前、アメリカで初めてスターバックスのコーヒーを飲んだとき、カップになみなみとコーヒーが注がれていて驚かされた。

そして、ひと口飲んでおいしいと感じた。その印象はコーヒーが入れたてで熱かったことが大きかった。日本にスターバックスが初出店したときも、入れたてのコーヒーが出されて、その印象は変わることはなかった。

入れたてのコーヒーをお客様に提供するのが、スターバックスの方針かどうかは、私は知らない。

しかし、ひとつ言えることは、第一印象で入れたてで、熱くておいしいと感じたコーヒーは、冷たくなっても、おいしいという気持ちに変わりはないということだ。

このように、第一印象は怖い。

●お客様に強烈な第一印象を与えよう

アメリカに「ロウリーズ」というプライムリブで知られる超繁盛ステーキハウスチェーンがある。私はロサンジェルス店に行ったことがあるが、総席数は優に４００以上はあろうかという大型店でありながら、連日、行列ができるほどのにぎわいぶりだと言う。

この店では、従業員がステーキをお客様に提供する際、必ず「熱いから気をつけて」と声をかける。

たしかに、ステーキ皿を触ってみると、素手では持てないほど熱くなっている。

その一方で、店の名物であるサラダを頼んだ場合、まずお客様にフォークを手渡すのだが、そのサラダ用のフォークはすごく冷たいのである。私はフォークを渡されて、その冷たさを感じただけで、サラダのおいしさが感じられた。

この店では、ステーキは皿で手に触れることができないほどの熱さ、サラダはフォークを触れさせることによって感じる冷たさで、お客様に「おいしさ感」の強烈な第一印象を与えているのである。

「ロウリーズ」のプライムリブステーキは絶品だったが、それ以上に私は、この店のサービススタイルに感銘を受けた。'01年に東京・赤坂に開店した支店にも、お付き合い先の経営者の方と食事に出かけたが、同様なサービスが行なわれていた。

●「第一印象」は演出も必要

日本人の主食であるごはんは、炊きたてで温かいと、それだけで幸せな気持ちになる人も多い。そして、口にする前から、おいしいという印象を抱く。

みそ汁にしても、熱々であればあるほど、第一印象としておいしいと思いがちだ。

お付き合い先の最初の試食会のとき、私はあえて「あまりおいしくないですね」と言うことがある。

参加している幹部の方々は驚かれるが、たとえばみそ汁がぬるいとき、私は「おいしくない」と言うのだ。みなさんは普通に飲んでいて、味そのものはおいしいこともある。

しかし、飲食店のメニューとして提供される場合、ひと口飲んだとき、思わず「おいしい」という声が上がるほどのインパクトが必要なのだ。

そのためには、ふうふうと息を吹きかけたいと思うほどの「熱さ」が強調されたみそ汁のほうがいい。ただおいしいだけでは、どうしてもインパクに欠けるからだ。

冷たい商品も、もちろん同じである。ビールを頼んだとき、冷凍庫で冷やされて、霜が降るほど冷たくなったグラスやジョッキで出されたほうが強いインパクトがある。また、実際にそのほうがおいしく感じる。グラスやジョッキの冷たい感じが、よりおいしさを倍増させるわけだ。

お客様に与える「第一印象」を工夫しよう

ビールグラスは冷凍庫に入れて霜降りにして、おいしさを強調

刺身を氷の上に盛りつけておいしさを強調

05 「ていねいさ」で調理を本物化せよ

北海道根室市に本社がある「根室花まる」という回転寿司チェーンがある。根室市に1店舗、札幌市内に4店舗を構え、どの店も繁盛している。繁盛店といえば、必ず目立つ特徴があるものだ。だが、このどの店も「お値打感」はあるが、それほど強烈な特徴はない。

●少しずつ「店のウソ」をなくす努力をせよ

このチェーンを展開する株式会社はなまるの清水鉄志社長に、「根室花まる」の繁盛の秘訣を聞いたことがある。すると、「少しずつ『店のウソ』をなくすように努力をしていることですかね」と答えた。

「店のウソ」とは、〝できないこと〟という意味だそうである。お店の力というものは、最初から高いレベルにはない。だから、本当はこうやったほうがいいということがあっても、現実としてはできないこともある。

清水社長は、そのようなことを「店のウソ」と表現しているわけだが、「店のウソ」を減らして日々改善する努力を重ねた結果、店を繁盛させることができたのだ。

それでは、具体的にはどのようなことなのだろう？

まず、冷凍食材を生の素材に変更しようと努力したという。また、冷凍食材でも鮮度が高まるように、解凍・調理法を徹底的に研究した。そして、接客に関しても、お客様が一対一での対応と感じられるように、言葉遣い、所作も考えていったという。

清水社長は、とりわけ「ていねいさ」を重視している。回転寿司の調理にはスピードが要求されるが、早さだけでは店には本当の力はつかないという。調理では、スピードを追求しながら、それ以上に「ていねい」を追求し続けなければ、商品の本物化ができないからだ。

3章で紹介した、群馬で飲食店を経営する「サンフード」の籾山和久社長も、調理の「ていねいさ」を経営の根底に置いていると言っていた。「サンフード」では、たとえば刺身は商品の鮮度を保つために、ていねいに包丁を使って、「角のある」ように捌いているという。

商品の本物化とは、高級な食材を使うことだけで実現できるものではない。素材の仕入以外でも、調理やサービスで商品を本物化することは可能なのである。

「ていねい」な調理をしていることが伝わってくる「根室花まる」

06 商品に「物語」をつけよ

大阪に、母親と3人兄弟で切り盛りしている家族経営の小さな店で、大繁盛している居酒屋がある。店長格の長男は50代で、母親もそれなりの年配の方だが、このお母さんの話を聞きたくて私もこの店に通っている。

●一対一の接客がお客様を再来店させる

あるとき、その店で冷やしトマトを注文した。すると、そのお母さんはトマトが並べられているバットを席に持ってきてこう言った。「こっちの小さなトマトは甘みがあるんよ。ほんで、この大きなほうは、しっかりとした歯ごたえがおます。どっちのトマトにしまっか？」と。

私が「小さいほうがええかな」と答えると、お母さんは「そやね。わても小さなトマトがええ思うのよね」と返してきた。何とも言えない、感じのいい接客だった。目の前に食材を持ってきて、それを説明する。そして、注文をすると、その選択をほめてくれる。

いい注文をしたという満足感が残った。

そのとき、気づいたことがある。商品説明は、お客様に満足を感じてもらう、重要なツールだということだ。

●商品に「物語」をつけよ

メニューを渡されて注文するだけでは、お客様もつまらない。ところが、ほとんどの飲食店ではメニューを渡して、「当店のおすすめメニューはこれです。特におすすめはこれです」と言うのが関の山だろう。

では、この居酒屋のお母さんのような個別対応感をお客様に感じていただくにはどうするべきか？　この店はお母さんのキャラクターがものを言っているが、一般的には「物語」をつけることがベストだと考える。

そのためには、①商品と食材との関わりについて、②商品と自分との関わりについて、③商品の由緒・由縁について、④商品の調理技術について、という四つのポイントを話すことである。この四つの話題で、お客様が商品に「物語」を感じるようになるはずだ。

また、じっくり説明されることで、お客様は個別対応感を持つはずである。そこから、お客様との本物のコミュニケーションも始まる。

これらは、固定客獲得の秘訣でもあるわけだ。

商品に「物語」をつければ売れる

札幌のとんかつ屋「玉藤」は
メニューブックに調理法や食材の説明を載せている

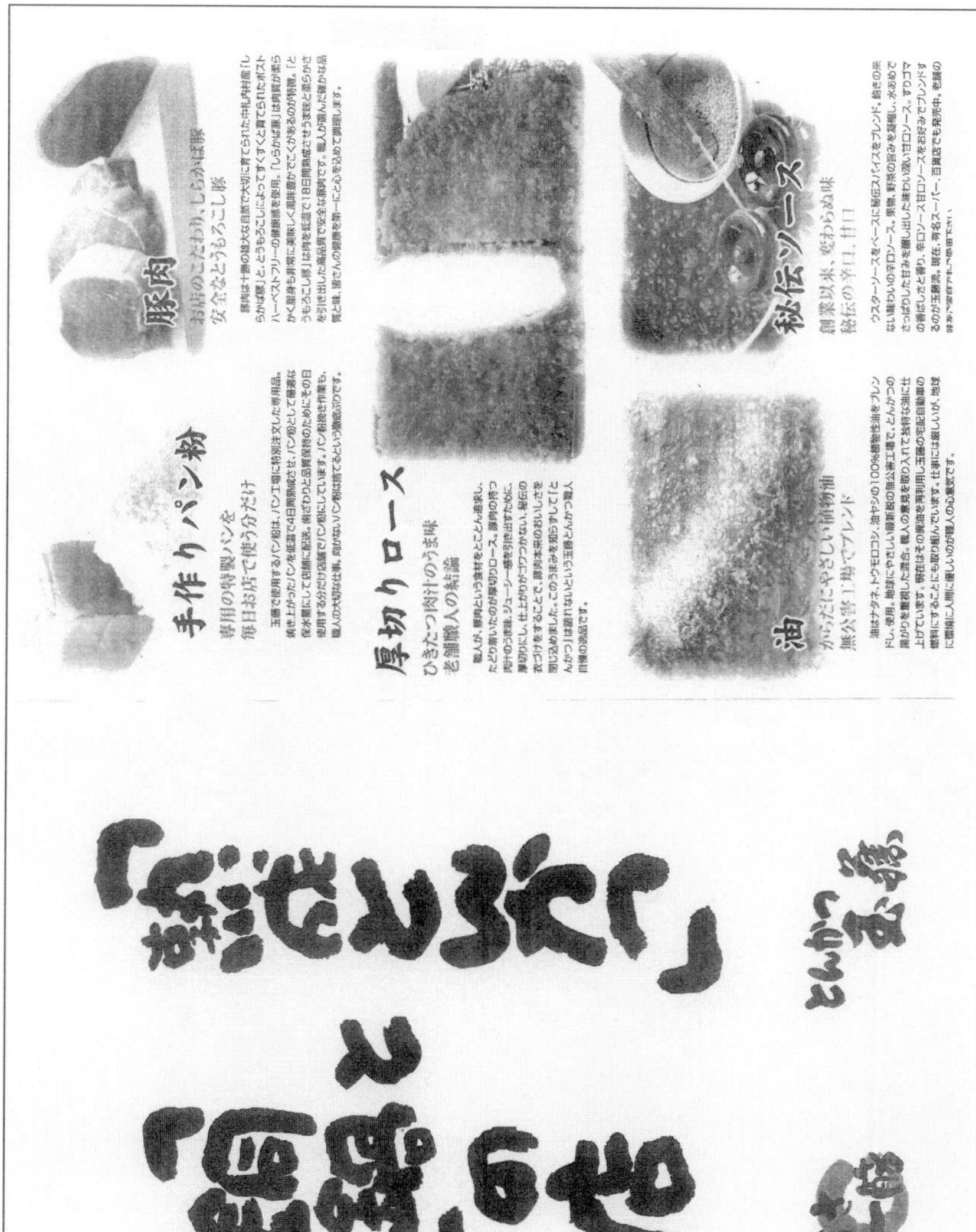

【骨太繁盛法則（8）】

在庫は利益を生まない

01 過剰在庫は「利益」の敵と考えよ

あるレストランチェーンでは、「トヨタ生産方式」で業務改善に取り組み始めて3〜4年が経っている。「トヨタ生産方式」は、「改善」というより「改革」と呼ぶべき大きな取り組みであるため、限られた紙面での説明は難しい。ここでは、その会社の具体的事例を紹介させていただくことにする。

●在庫を抑えることで利益が生まれる

その会社では、店で使う食材を自社工場で加工して配送している。セントラルキッチン方式をとっているわけだが、工場内の作業では徹底的に「トヨタ生産方式」に取り組むことで、かなり生産性を高めている。

「トヨタ生産方式」の基本は、「必要なものを必要なときに、必要なだけ適切に生産する」というジャストインタイム生産システムである。

そこでこのチェーンでも、店への毎日の配送を行ない、店内の在庫量を極力抑えるようにした。目的は、無駄な在庫をなくすことだった。それにより、食材を速く回転させることで鮮度を高められるし、資金を在庫として眠らせることもなくなる。

しかし、効果はそれだけに留まらず、原価率を下げることもできた。チェーン店だから、当然ながら標準原価率は精度を上げて管理されていた。

しかし、この取り組みを始めてから3ヶ月ほど経つと、実質原価率が標準原価率を下回ったと言う。

出数計算によって算出された標準原価率は31％だったが、実質原価率を棚卸後に計算してみると29・5％だった。もちろん、バラつきはあったものの、どの店も1〜2％は低くすることができたようだ。

これは、見えないロスがなくなり、食材の歩留りを高めることができたからである。

在庫を抑えることにより、無駄な在庫を資金化することができ、食材の鮮度が高められる、また、「利益」を生むことができるのだから、まさにいいこと尽くしだ。

●在庫はどのくらい回転させるべきか?

たまたま相談を受けた、海鮮系を主力とした居酒屋は原価率が高かった。そこで、先の話を参考にして店とともに在庫を抑える改善策を考えることにした。

具体的には、まず棚卸金額の目標を3日分とした。「月間見込売上げ×平均原価率÷30日×3日」として計算し、その金額を目標としたのである。

また、発注表や発注量、単位を見直して取引業者との交渉も進めた。そして、月半ばの15日に棚卸を実施し、在庫量の調整をするようにした。

3日分の在庫金額になるには4ヶ月ほどかかったが、原価率は4ヶ月前に比べて1・5%下げることができた。

その後、相談を受けた多くの飲食店で、同様の在庫抑制策をとってもらったが、やはり1〜2%程度原価率を抑える効果はあったようだ。

それ以来、私は在庫を月間40回転させることをひとつの目標として設定するようにしている。

なぜ月間40回転なのか？ それは、以上のような経験から、「月間売上高×平均原価率÷40回転＝目標総棚卸金額」という公式を導き出すことができたからだ。

とはいえ、「在庫を月間40回転させる」という目標のハードルは低くはない。これを実現するには、次の三つのコツがある。

①発注方法の見直し

発注表は必ず使用する。1ヶ月単位で使えるもののほうがいい。ポイントは、必ず発注表に在庫量を記入した後、発注量を記入すること。これを続けていくことで、商正な在庫量が把握できる。

②発注単位、納品日の見直し

まず、業者と細かく話し合うことである。業者は1回の発注単価は高く、納品回数は少ないほうが効率はいい。ところが店は逆で、発注単位は少なく納品回数は多いほうがいいのだ。何度も細かく発注すると、納品単価が上がる可能性もある。しかし、結果としてはそのほうが利益を生み出す効果があるケースが圧倒的なのだ。

③中間時棚卸の実施

月末だけでなく、毎月15日前後にもう一度棚卸をする。棚卸の際、冷蔵庫や冷凍庫から食材を外に出すのがポイントだ。そして庫内を掃除する。その後、食材を定位置に整理して収納し直すと、見えないものが見えてくる。このことが思わぬ効果を生むことが多い。

可能ならば、細かく原価計算をして、目標となる在庫高の差をつかみ、発注の見直しを検討するようにしていただきたい。在庫は「利益」の敵である。在庫を減らすことによってこそ、「利益」が生まれてくるのだ。

無駄な在庫を抱えないためにも、月半ばと月末に、下のような発注表をチェックしながら棚卸を！

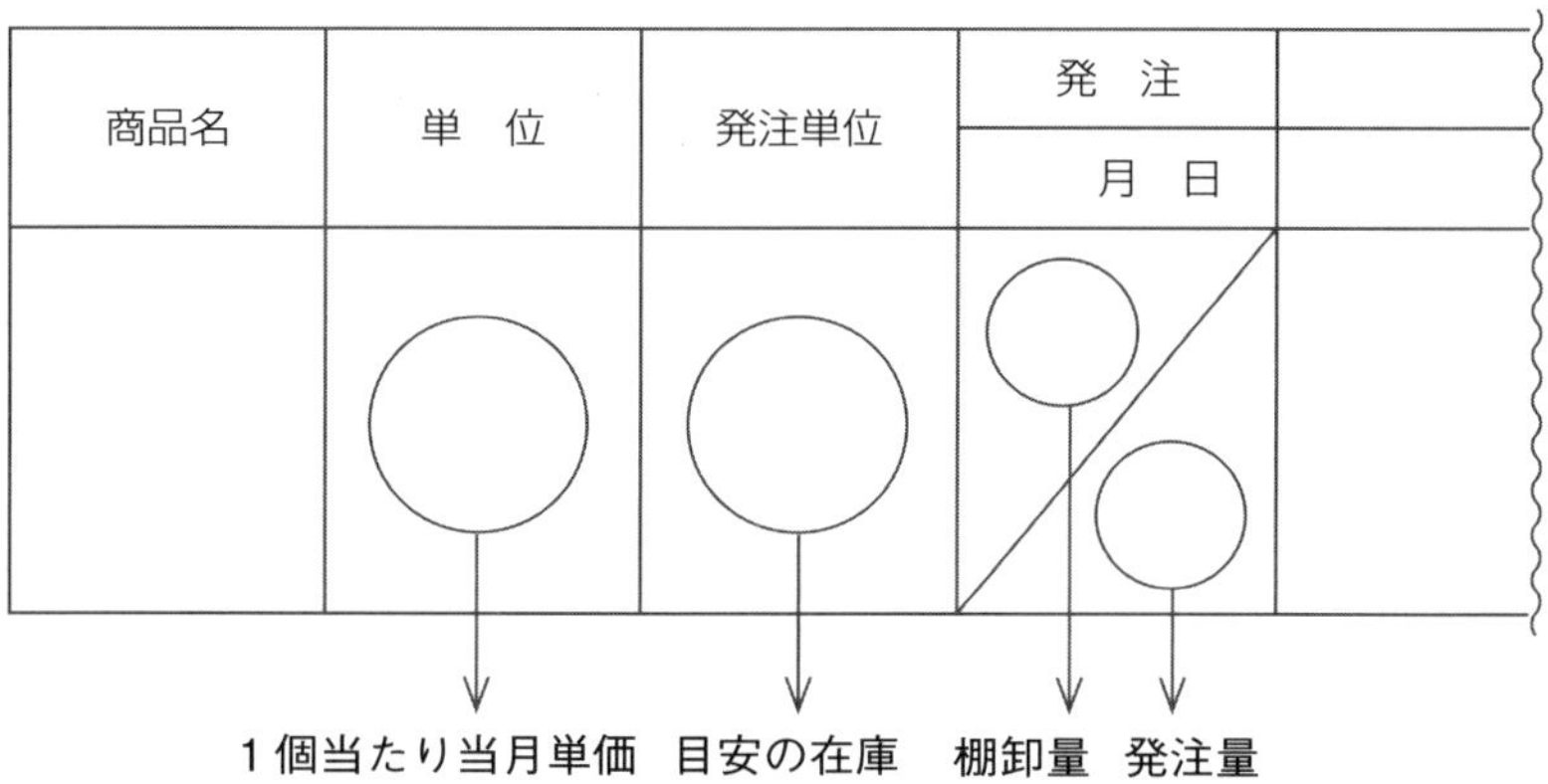

● 発注表 ●

商品名	単　位	登録単位				

02 ときには「先入れ先出し」の原則を疑え

以前、お付き合いしていた回転寿司の経営者から興味深い話を聞いた。その経営者はある日、おすすめ品のために生魚を何匹か仕入れたことがあった。

しかし、月曜日に店の冷蔵庫を確認してみると、その生魚が残っていた。店長に確認すると、週末の売上げが目標よりも低かったため、先に仕入れていた定番品の在庫を優先して処理したからだと言う。

●すべてのケースに原則が通用するわけではない

この店長は、在庫管理の原則「先入れ先出し」を守ったわけである。なるほど、「先入れ先出し」は基本的には正しいが、このように予定外の鮮度が高い生魚が入荷した場合、どのような対応をすればいいのだろうか？

この店長のように、「先入れ先出し」の原則を守り、先に入荷した在庫を優先して処理すべきなのだろうか？

しかし考えてみれば、ただ原則に忠実に行動していても、お客様にはメリットを与えることはできない。

鮮度の高い食材が入荷したら、それを優先して提供することがお客様のメリットになる。また、そうしなければ、競合他店と差別化も図ることはできないのだ。

ある居酒屋でも同様のケースがあった。

その店はつくねを生の状態で仕入れているという話だった。しかし、いざ試食してみると、冷凍品とそれほどの違いを感じなかったため、調理長に詳しい話を聞いた。

すると、つくね用の鶏生すりみを、1週間分まとめて仕入れていると言う。毎日仕入れてつくねに仕込んでいると効率が悪いため、1週間分をまとめて仕入れて仕込み、冷凍にしているということだった。

私は耳を疑った。せっかくつくね用の鶏生すりみを仕入れながら、仕込んだつくねをわざわざ冷凍にして商品の付加価値をなくしているわけだから世話がない。

しかし、このようなことは、現場ではよく行なわれていることだ。

「先入れ先出し」の原則をやみくもに守るケースとは違うように思われかもしれないが、お客様に提供される商品の視点からすれば、まったく同罪と言えるだろう。

●「使い切り」という原則こそ守るべき

「とりどーる」は、兵庫、大阪などに展開しているやきとりファミリーダイニングレストランである。

この店のチラシを見てみると、「一番商品」のつくねは生であることが強調されていた。しかも、開店時間の午後5時の1時間前に仕込み、その日のうちに売り切るというメッセージが添えられていた。

そのチェーンの社長に話を聞いてみると、つくねは「一番商品」なので鮮度を大切にしているということで、どの店でもこの方針を徹底させていると言う。

また、つくね以外のやきとりも、極力仕込んだ当日で売り切り、翌日への在庫を持たないように努力している。もし売れ残ったとしても、賞味期限の細かい時間を厳しく決めて、それ以降になれば廃棄していると言う。

その日のうちに「使い切る」、「売り切る」ことを原則にして食材の回転を高め、鮮度の高さという「強み」を持つことが、このチェーンの繁盛の基盤なのである。

●「後入れ先出し」で差別化が図れる

飲食店でないが、「パリーネ」という、大阪で非常に有名なパン屋がある。現在、府内で3店舗を構えているが、創業店の長居店は売場面積4坪という小さな店ながら、9000万円もの年商をあげている。

この店の経営者に繁盛の原点を聞いてみると、「後入れ先出し」を原則にしていることだと言う。

通常のパン屋では陳列する棚に、焼きたてのパンは後ろ側に並べ、前に焼いたものを前に並べるのだが、この店では焼きたてのパンを最前列に置いている。つまり、先に焼いたパンは後ろ側に置くという、普通とはまったく逆の陳列法をとっているわけである。

しかし、そんなやり方をしていると、焼きたてでないパンは売れ残ってしまうのではないだろうか？　そう聞いてみると、そんなことはないと言う。

お客様は当然、焼きたてのパンから買っていくが、後ろ側になったパンも買っていく。この店では通常、食パンを1日11回も焼き上げることもあるが、焼きたてを最前列に置く陳列は、それがお客様に非常に強い印象を与え、信頼感も与えているのだ。

焼きたてのパンはおいしいが、お客様は必ずしも買ってすぐに食べるわけではない。加えて、この店はほぼ1時間ごとにパンが焼き上がるため、お客様はすべてが焼きたてのパンというイメージを持っていることもある。

お客様優先で、ケースバイケースの対応が必要なのだ。

「後入れ先出し」が売上アップにつながることもある

大阪の人気パン屋「パリーネ」では、焼きたてのパンからを優先して売っている

03 お客様目線に立ってロス対策をせよ！

ある居酒屋で、売れ筋商品の試食をさせていただいたとき、印象深いことがあった。それは、その店の「一番商品」の刺身の盛り込み。7品の刺身が盛り込まれていて、見た目も味もなかなかインパクトのあるメニューだった。だが、次に出てきた海鮮サラダには驚かされた。そのサラダは、野菜がメインになっているものの、刺身盛り込みと同じ7品の刺身が入っていたからだ。

●少食材多メニューは「つまらなさ」を生む

どう考えても、刺身盛り込みを食べた後に海鮮サラダをオーダーしたいと思うお客様はそういるとは考えにくい。料理のかたちは多少変わるが、ほぼ同じ食材である。お客様にとって、つまらないメニュー構成と言わざるを得ない。同じような食材を使ったメニュー構成をしていたら、お客様にとってつまらないに違いない。

ひと昔前、飲食業界では「少食材多メニュー」というメニュー構成が注目されたことがある。これは、仕入れた食材にロスを生じさせないため、同じ食材をいろいろなメニューに使うというもので、大量仕入れによるコストダウンなど、さまざまなメリットが喧伝されていた。

しかし、このメニュー構成は、お客様の成熟化がそれほど進んでいないマーケットでは通用したが、現在は状況がまったく変わってきている。今の時代、「少食材多メニュー」では、お客様に満足していただくことは難しく、再来店していただくための阻害要因にすらなる。

「少食材多メニュー」は、ロス対策になることはたしかだ。しかも在庫も抑えられ、仕入コストも下げられる。しかし、お客様にとってのメリットは少ない。

仕入れのロス、在庫のロス、作業のロスなどなど、飲食店経営をしていると、さまざまなロスが目につき、それが収益を下げていると過剰に対策を考えがちだ。

しかし、そんなロス対策がお客様にとってメリットにならず、デメリットになってしまっては元も子もなく、売上ロスを招いてしまう。コストダウンはもちろん考えていかなければならないが、あくまでもお客様にとって、エキサイティングな「できたてメニュー」を提供することを第一に考えていただきたい。

ロスが生まれても、「一番商品」の「強み」を磨き込め

兵庫のやきとり居酒屋「トリドール」は、開店１時間前につくねを
鶏生すりみから仕込む。そして、６時間経ったものは売らない

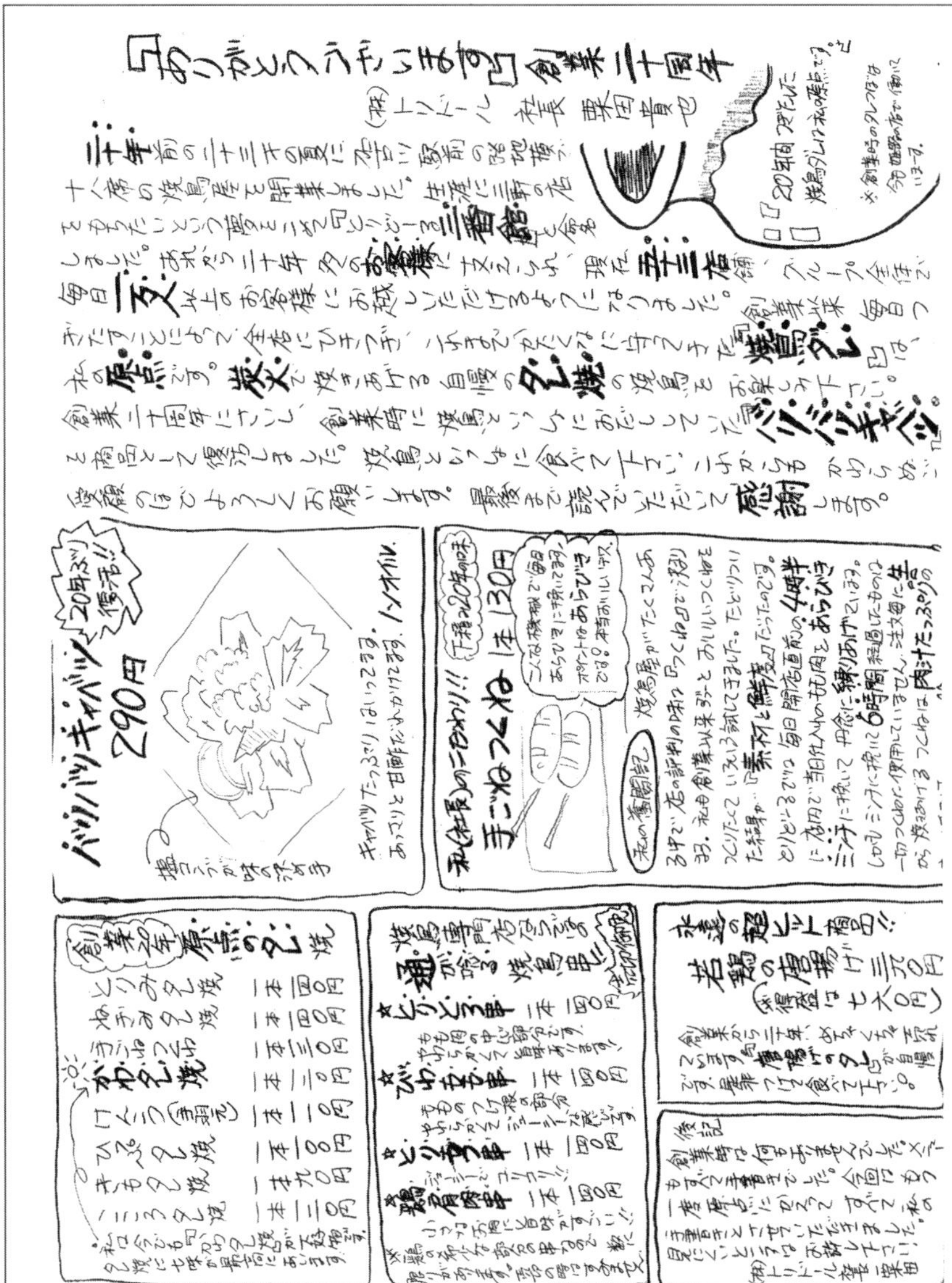

04 繁盛こそ何よりのロス対策

最近、ビュッフェスタイルが流行っていて、繁盛している店もたくさんあるようだ。私の知り合いの経営者もビュッフェスタイルを取り入れているが、彼の場合、あまりうまくいっているわけではないと言う。

●売上ロスと利益ロスの矛盾

その経営者の店は、ランチタイムには行列ができるほど繁盛している。しかし、それでもビュッフェスタイルは原価率が高く、なかなか利益が出ないらしい。

女性はビュッフェスタイルを好む傾向があるが、その店でもほとんどが女性のお客様だと言う。そのため、井戸端会議よろしく会話が盛り上がりなかなか席は回転しない。行列ができるほどの人気なのだが、回転が悪いため、ランチタイムは「売上ロス」が発生している。

しかし、ディナータイムは様相が一変する。開店からしばらくは行列客があったものの、半年ほど経つと客足は途絶え始め、1年を過ぎた頃には日曜日以外、満席にはならず、平日は7割ほどしか埋まらない。

ところが、ビュッフェスタイルだから、メニューの品揃えをしておかなければならない。当然売れ残る。ディナータイムは「利益ロス」が生じているわけだ。

ビュッフェスタイルではなくても、「売上ロス」と「利益ロス」の問題を抱える飲食店は多い。

●「繁盛店の原則」を見つめ直せ

この問題の根本的な対策は、やはり「繁盛の原則」に立ち戻ることだろう。

つまり、①にぎわい感、②シズル感の演出、③ボリューム感という三つの「繁盛の原則」に立ち戻って売上げを伸ばすことが、何よりの対策になるはずである。

たとえば、ランチタイムの女性客も、心から食事に満足できれば、店で会話をしようと思わなくなる。また、行列で待っている次のお客様に心を配る余裕もできてくるはずだ。ディナータイムでも売れ残らないように、本当に魅力ある商品を提供することから根本的な問題解決の第一歩が始まると言っていい。

「売上ロス」と「利益ロス」の問題にも、お客様の満足感を高めるための「繁盛の原則」を応用してほしい。

「繁盛店の原則」を見つめ直す

横浜のピザ・スパゲティ店「チーズカフェ」の店内では、おすすめを書いた黒板や「『ピザ』オリンピック」入賞の垂れ幕でにぎわい感を演出している

05 利益を生むための「提案」を見逃すな

お付き合いのあるハンバーグ&ステーキ専門レストランチェーンで、こんな話を聞いた。ある店で販売方法を少し工夫してみたところ、客単価が高まったと言う。

●提案力が利益を生む

その店の販売方法の工夫とは、ディナータイムには、提供する肉をワゴンに並べてテーブルに持っていくようにしたことである。そして、その肉の説明をする。

するとお客様は、グレードの高い肉のメニューを注文するようになった。その結果、他店ではディナータイムの客単価が1600~1650円ほどだったものが、その店では1800~1850円になった。200円も客単価が上がったのである。

このディナータイムでの客単価アップが功を奏し、この店では1日当たりの客単価も、他店に比べて100円ほど高くなったと言う。

肉をワゴンに並べて、お客様のテーブルまで持って行って説明を加えるサービスは、従業員の負担を増やすことになるため作業効率も悪くなるように思えるが、客単価が200円もアップしているため、そのマイナス面は十二分にカバーすることができる。

それどころか、全体の売上げが伸びたことで、他店に比べて人件費比率も低く収まっている。

この販売方法の改善とサービスの付加で、予想外に経営効率を上げることができたわけだが、聞いてみると、これは従業員から提案されたものだと言う。

その提案には大きな効果があったが、それは経営効率を上げたことだけではない。提案が、きちんと形になって結果を生んだことによって、その店の従業員のモラルもアップしていった。

そんな、利益を生む「提案」を見逃すことこそ、飲食店にとって最大のロスとなる。そして、提案は店の従業員からだけ示されるものではないことを知ってほしい。

それは、お客様からの提案である。アンケート、従業員への意見、オーダー状況などから、お客様は何らかの提案をしていることが多い。メニューへの提案、サービスへの提案……それは、繁盛への道につながるものだ。

季節に関係がないようなハンバーグでも季節フェアは可能

（群馬「どんさん亭」）

フェアは、売上アップだけでなく、従業員、お客様の提案にもつながっていく

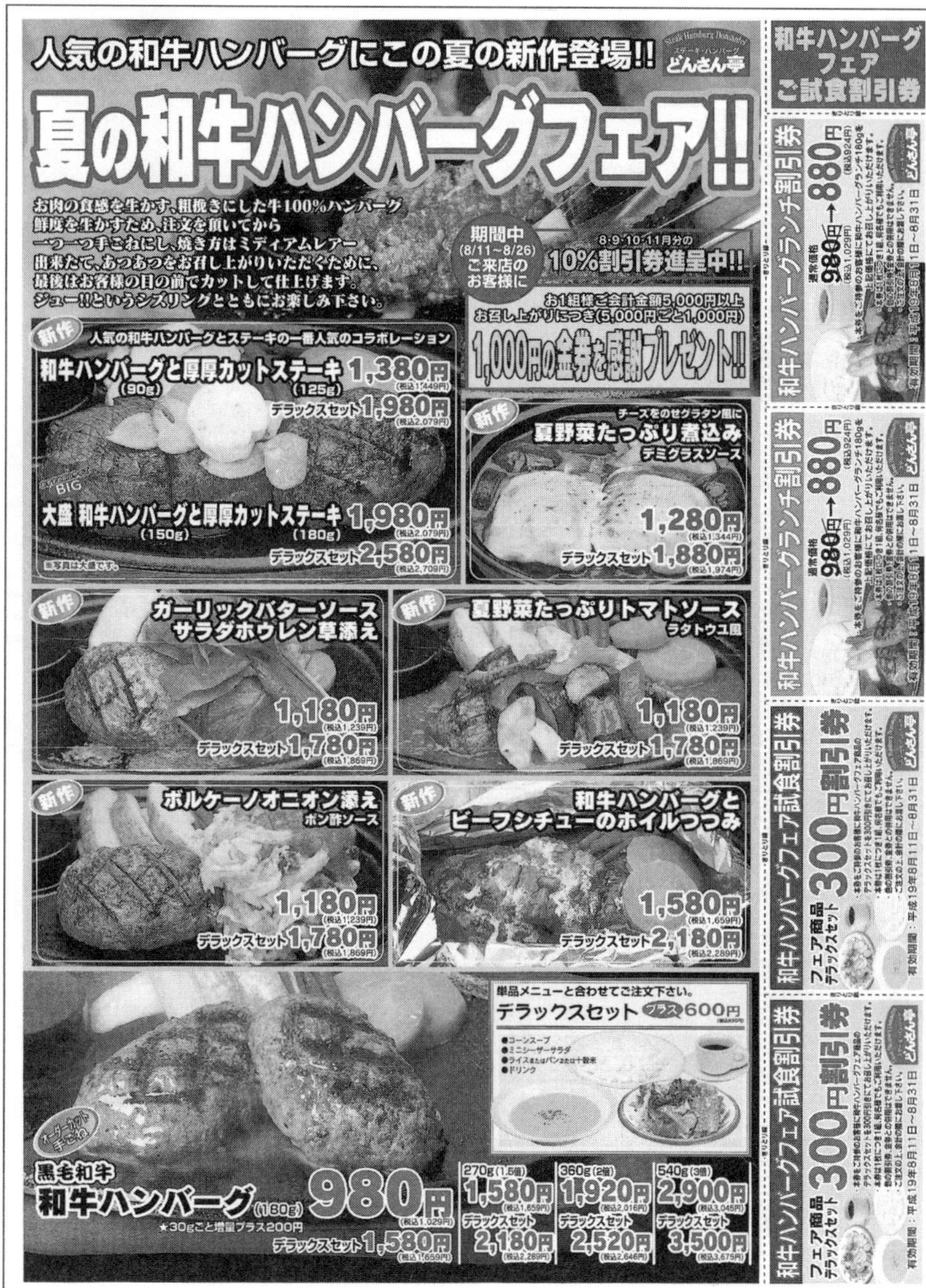

06 社会情勢に負けない骨太経営を目指せ

Ｏ‐１５７にＢＳＥ、鳥インフルエンザ、駐車違反や飲酒運転への罰則強化、賞味期限問題、食品偽装……近年、飲食店経営の妨げとなるような、さまざまな社会的な「事件」が起こっている。

社会情勢の変化で、大きな売上ダウンとなっている店も少なくはないだろう。私が相談を受けた飲食店でも、前年比20～30％の売上ダウンは珍しくない。

加えて経営環境の激変、競合他店の出店などにより、繁盛店が一夜にして売上不振店となることも実際に起きている。繁盛店も、朝起きたら不振店になっていたということも起こりかねないのである。

ただ、危機的な状況に陥ったものの復活し、その経験を糧として、骨太で健全な経営をしている会社も多い。

●骨太な経営をするための10のコツ

私は、そんな会社や経営者を数多く見聞きしてきた。そして、骨太な健全経営を持続させるポイントは、以下10のコツにまとめられる（実は、これらが本書の「10の法則」の基本）。

①好きなこと、得意なことでNO・1になれ！

好きなことや得意なことは夢中になれる。考えていると、いろいろな工夫やアイデアも生まれてくる。

人間も、長所を伸ばすことはそれほど難しいことではない。しかし、短所を直すことは容易ではない。しかし、長所を伸ばせば伸ばすほど、短所はその影に隠れてあまり気にならなくなる。好きなこと、得意なことは長所につながるため、人を惹きつける。そこで、一番になれることに取り組んでいけば、集客力は高まるのだ。

②手に届く「ぜいたく」がお客様を集める

「ぜいたく」なイメージがあるものに、誰もがあこがれを抱く。しかも、売れ筋価格、予算の１・７～２・２倍程度の手に届くくらいの値づけなら、お客様の選択肢となる。現実的には、売れ筋価格帯の商品を注文することが多いが、お客様の選択肢に「ぜいたく」なイメージのある商品を入れておくことは、今の時代、飲食店にとって必要なことだ。その商品によって、実際に注文する売れ筋商品によりよいイメージを抱かせるため、お客様の満足度は高まり、さらなる集客へと結びついていく。

③お客「さん」からお客「様」へ発想を変えよ!

「さん」ではなく、「様」と呼ぶのが、これからの接客の基本だ。もちろん、「様」と呼ぶだけでなく、具体的な行動を示さなければならない。つまり、「お出迎え」「お見送り」、常連のお客様の名前を呼ぶ、というような競合他店では見られない取り組みが必要だ。「様」を、心から表現、行動できて、初めてお客様は満足する。

④何よりも、店に「顔」を作れ!

「何屋」なのか、わかりにくい店が意外と多い。お客様に、店の存在が認知されていないケースもよく見かける。大きな看板や暖簾などで、お客様にわかりやすくすることが、店に「顔」を作る第一歩となる。「顔」を作ることは売上アップにもつながる。

⑤経営者は、世間を知ろうという努力をせよ!

飲食店経営者にとって一番大切な仕事は、競合店の「弱点」と「強み」を知ること、繁盛店の成功の理由を探ることだ。さまざまな形のモデル店から、お客様のニーズや「時流」の変化をつかむ努力をすることが大切だ。

⑥「捨てる」経営で競合他店と差をつけろ!

経営思想の大家、ピーター・ドラッカーも著書で、「経営者がまずするべきことは、『捨てる』ものを決めること」と述べている。飲食店でのメニュー、サービスでも、まず「捨てる」ものを考えてほしい。「加える」ことも重要だが、それだけではコストがかさんで赤字化する。「捨てる」経営こそ、競合他店に差をつけられるのだ。

⑦「主力商品」で儲けなさい!

「主力商品」で儲けるためにするべきことは、何よりも主力商品カテゴリーの月間売上げを計算することである。それを、担当調理人の人件費の3倍、できれば5倍にすることが、主力商品カテゴリー売上げの目標額となる。「主力商品」で稼ぐことこそ、飲食店経営の王道だ。

⑧在庫は利益を生み出さない

在庫が多くなるほど店は赤字化する。在庫を月間40回転させれば、在庫の資金化などメリットが大きい。

⑨利益は現場でつくられる

第一線で働く人の工夫こそ、利益を生み出していく。従業員の「衆知結集」が利益に結実するのだ。

⑩繁盛店「体質」を身につけろ

繁盛店体質とは、メニューの品揃えや「主力商品」の魅力づけ、新しいサービスなど、変化への挑戦姿勢だ。常に、前向きに向かっていくことが繁盛の秘訣となる。

飲食店を骨太に経営していくためには「捨てる」覚悟が必要

あなたの店では、どの「調理カテゴリー」を捨てる必要があるか、
下のグラフ、チャートで考えていただきたい

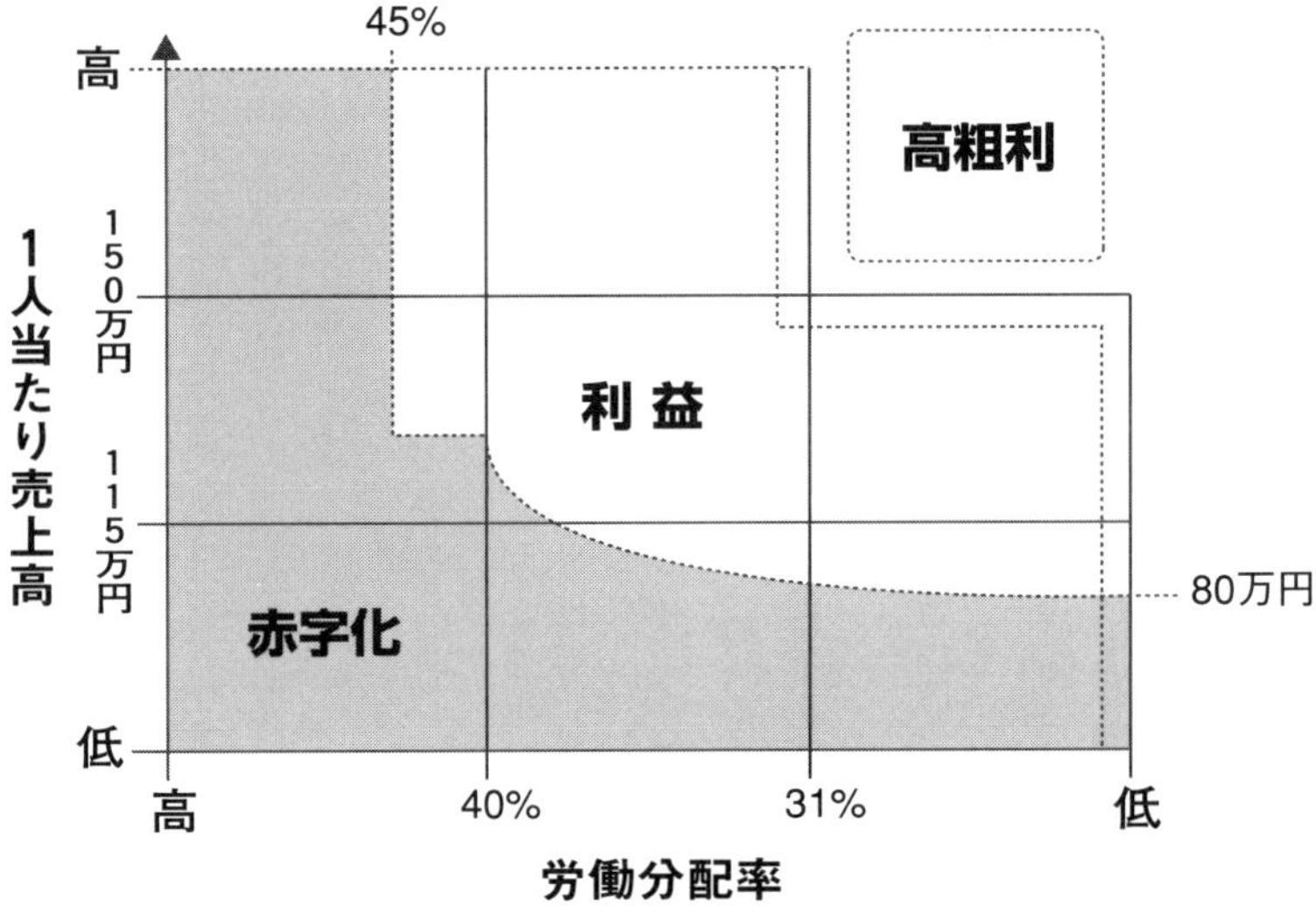

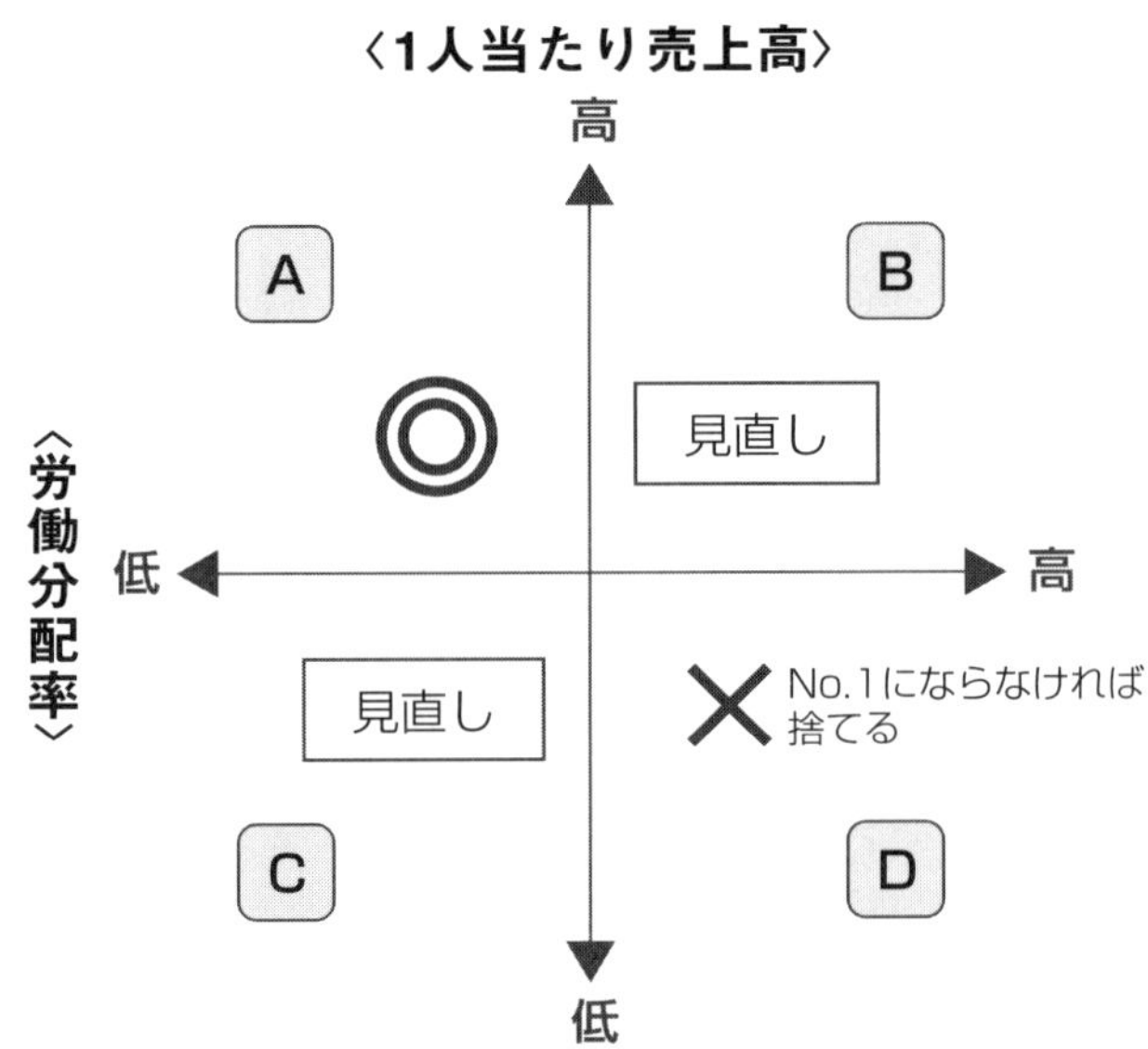

【骨太繁盛法則（9）】

利益は現場で作られる

01 「現場」の力が利益を作り出す

アメリカへの繁盛店視察ツアーでは以前、世界最大の小売企業「ウォルマート」によく行った。郊外型店舗が多いのに収益性は高く、既存店売上げを伸ばし続けている企業経営に興味があったからだ。

●従業員たちが「差」を作り上げる

ウォルマートのユニフォームには、「Our People Make the Difference」と書かれている。「私たち従業員が、（他店との）『差』を作る」という意味だが、その決意表明、ポリシーの強さには当時、強い驚きを覚えた。

なぜなら、現場従業員たちの働く姿が、ユニフォームの言葉を体現していたからだ。自分たちが行動、智恵、工夫のすべてを決めるという決意が見て取れたからである。

お客様には、四つのタイプがあると言われている。

①**信者客**…自店へ忠誠度が高く、満足度も高いお客様

②**挑戦者客**…自店へ満足度は高いが、新規店や他店にも行き、満足感の高い店を探すお客様

③**追従者客**…自店への満足度は高くないが、他店に行く動機づけが弱いため、何となく自店へ来るお客様

④**破壊者客**…自店への不満を告発し続けるお客様

一般的に、信者客と挑戦者客が7割を占め、信者客が2％増えれば45％の利益増、追従者客と破壊者客が5％増えれば60％の利益減と言われている。

お客様構成で考えると、信者客が減って追従者客と破壊者客が増えると利益は減少し、信者客が増えて追従者客と破壊者客が減ると、利益は増加する。

このお客様を的確に把握できるのは、現場しかない。そして、お客様を信者客、挑戦者客にし、逆に追随者客、破壊者客にしてしまうのも現場である。

つまり、利益は現場が作ると言えるのである。

それでは、現場はお客様にどう接すればいいのか？

そこで、ウォルマートの従業員の姿勢に学ぶところは大きい。自分たちこそが、他店との差別化を図ることができるのだという自負と責任を持って現場作業に携わる。

そのうえで、満面の笑みで、目を見ながら、お客様の気持ちになって接客をするのが基本となるわけだ。

お客様には４種類あり、満足度が高いお客様が店の利益を生み出していく

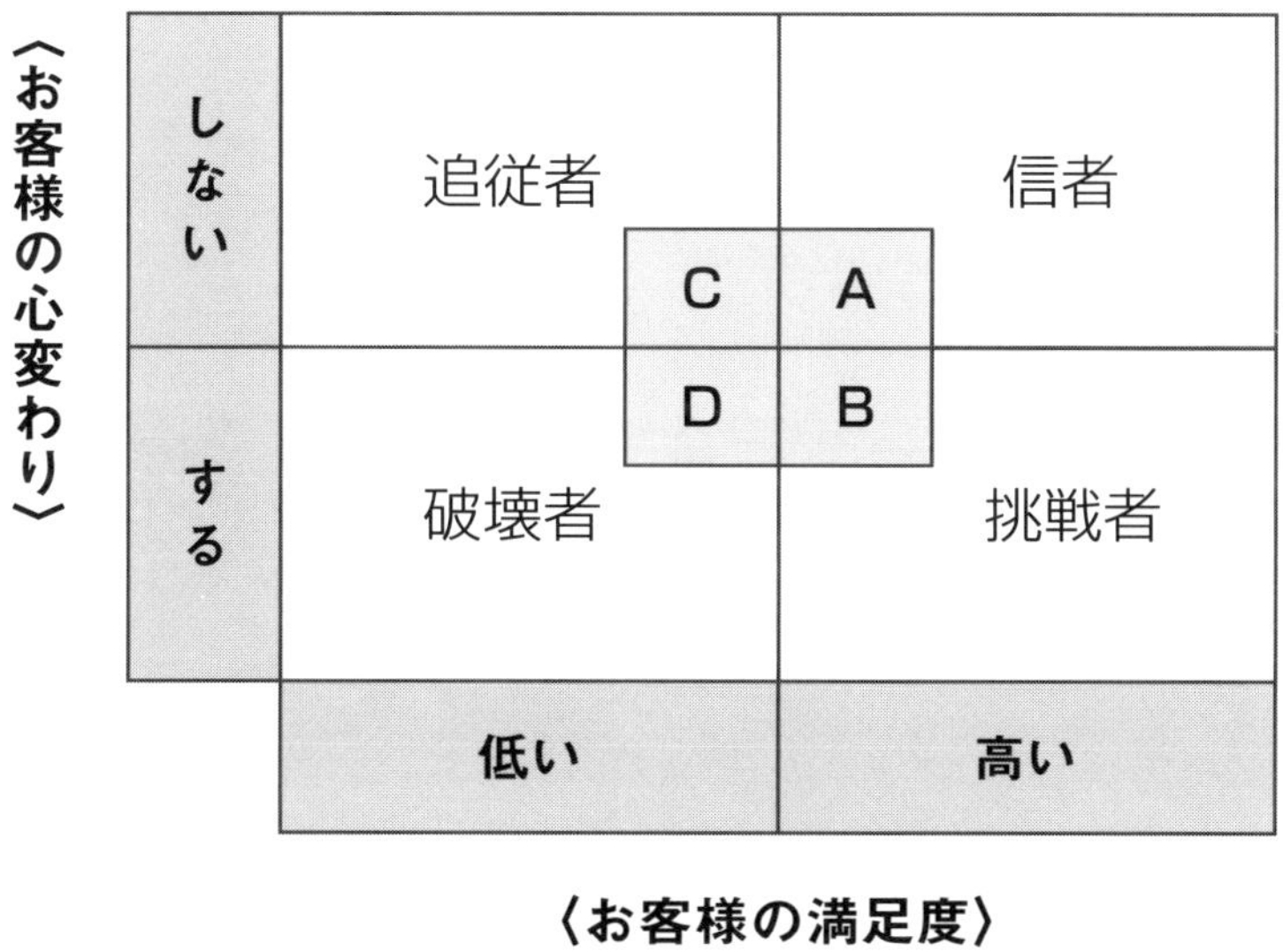

A	**信者客**	：非常に満足度が高く、店へのロイヤリティも高いお客様層
B	**挑戦者客**	：満足度は高いが、新店や他店にも行き、本当に満足の高い店を探しているお客様層
C	**追従者客**	：満足は高くないが、他の店に行くという動機が弱いため、何となく止まっているお客様層
D	**破壊者客**	：自店での不満足を、他の人へ告げ口し続けるお客様層

02 「もてなし」で五つの差別点を作れ！

ファミリーレストラン、ファストフード店においては、接客がマニュアル化している。どのお客様にも、いつも同じ接客をしている。見慣れた光景になっているが、本当にお客様はそんなサービスを求めているのだろうか？

私は、これからの「もてなし」は、他店と同じではなく、自店ならではのサービスとして、もっとお客様目線に立った内容にするべきと考えている。

そのためには、次の五つの差別点が大切である。

①お客様の名前を呼ぶ

私の考えるこれからのもてなしの基本コンセプトは、「初回来店で親しみを感じ、2回目は常連のごとく、3回目は旧知の友人のように」ということだ。

東京・北千住に大衆居酒屋の超繁盛店がある。その店には焼酎は1種類しかないが、ボトルで1250円。非常に安いため、お客様のほぼ全員がボトルキープをする。客足が常に絶えないにぎわいの中、お客様が席に着くと、従業員は何も聞かずにキープボトルを席に置く。ボトルには名前が書かれているため、お客様のことをきちんと覚えているのだ。すばらしい接客だと、私は感心した。お客様にとって、自分の名前を覚えてくれることは、他店との大きな「差別点」となるのだ。

②むやみに下げものをしない

飲食店で気になることがある。ひと皿食べ終わるや、下げものにテーブルにやってくる従業員がうるさくて仕方がないのだ。フランス料理のフルコースでもあるまいし、ひと皿ずつ下げものに来るのはいかがなものか。「食事中、テーブルの食器は、増えても減らさない」ことが基本コンセプトと考えている。

下げものをする目安としては、完全に食べ終わった皿が、お客様の肩幅を超えるくらいになった場合である。また、生ビールの注文のときは新しい生ビールを提供し、完全に飲み干していることを確認してからジョッキを下げるべきだ。

家庭で食事をしているとき、食事中に食器を下げることはあまりない。それが団欒の楽しさだからだ。

作業本位ではなく、お客様本位の視点が必要、ということだ。

③「はい」という返事の励行

飲食店で店の人を呼ぶと、ほとんどの場合、「少々、お待ちください」という返事が返ってくる。現在の作業を優先させているためだろう。しかし、「呼ばれたお客様を最優先」が、こらからの基本コンセプトである。

あるとき、居酒屋の繁盛店で下げものをしている従業員に声をかけた。するとその従業員は、「はい」と答えて、重い下げものを持ったまま私のテーブルにきた。「後でいいですよ」とは言ったが、非常に気分がよかった。他の飲食店では、このようなことは滅多にない。大きな「差別点」となる言葉と行動だと思う。

④お客様と同調する

「何がおすすめですか」と聞くと、「うちの店のメニューはすべておいしいです」と答える飲食店がある。そのような応対は、私は最低だと考える。というのは、お客様の質問に「同調」できていないからだ。

お客様は、メニューを決めかねているからおすすめを聞いているのだ。このような場合、さらに4～5品をおすすめした後、特におすすめの1～2品を理由をきちんと説明していただきたい。また、お客様の注文にも「同調」してほしい。注文されたメニューに、たとえば「それは人気があります」と注文に「同調」することで、お客様の満足度は高まる。それが、「もてなし」のいい店という印象を作っていくのだ。

「お客様の気持ちに同調して、お客様が喜ぶように対応する」を基本のコンセプトにしてほしい。

⑤「残」印象も大切にする

東京の繁盛レストランでは、料理の提供が遅れた場合、伝票にそのことを示す印を記入するようにしていると言う。こうしておけば、レジの担当者が精算の際、もう一度、料理が遅れたお詫びをすることができるからだ。お客様は料理が遅れたことに、いい思いを持っていないはずだ。しかし、その最後のひと言によって、その店に好印象を持ってくれるはずだ。

「お客様の来店を心より感謝します」が基本コンセプトである。その気持ちを表現した接客サービスをすれば、お客様は店にいい印象を持っていただける。

さらに、「お見送り」も忘れないでほしい。できれば、一緒に外に出て、無理なら玄関口までお客様とともに歩きながら「お見送り」をしたい。少なくとも、レジ担当者は深々と一礼して「お見送り」をするべきである。

お客様の名前を覚えることは「もてなし」の基本

スタンプカードで、お客様の名前を覚えるようにする

◉ ご来店の際、この会員カードをフロントにご提示下さい。
◉ 会員ご本人様に限り、常時お会計から10％OFF致します。
（但し、お得なセット及び他のサービスとの併用は出来ません。）
◉ ご来店　・1st. Show　でスタンプ　1コ
・2nd.Show　でスタンプ　2コ
・3rd.Show　でスタンプ　3コ　捺印致します。
◉ スタンプ10コ集めますと、次回2000円分割引致します。
更にプレミアムカードを贈呈。
（詳しくは、スタッフまで。その際には、他サービスとは併用出来ません。）
◉ 現金には換えられません。

SHOW TIME	Start
1st.（18:00～21:00）	19:30～
2nd.（21:00～0:00）	22:00～
3rd.（0:00～3:00）	1:00～

要予約▶ [redacted]

お名前　　有効期限

㊎	2	3	4	5	6	7	8	9	10 2000円割引

横浜「伝兵衛」では、店の外に出てお見送りをする

03 利益の決め手――再来店化を図る五つのコツ

売上アップの決め手のひとつは、お客様の再来店化である。

再来店化を図るための方策はこれまでも述べてきたが、ここで五つのコツとして整理しておこう。

①あなただけの言葉

お客様に「あなただけ」という印象を植えつける、お客様には感謝の心を持って接客せよ、ということをよく聞くが、その心は、具体的に表現しなければお客様には伝わらない。そのためには、心を感じさせる「言葉」が必要となる。

たとえば、入店時の「いらっしゃいませ」だけでなく、「いつもありがとうございます」や「お待ちしておりました」などといった言葉である。「いらっしゃいませ」の次の言葉によって、「あなただけ」という気持ちが印象づけられる。

②お客様を囲い込め

スタンプラリーは、再来店客に特典を提供する有効な方法である。コーヒーチェーンで専用マグカップを買ってそれを使用すれば割引をするということも同様だ。

③主力商品に「季節」をつけろ

店の顔は「主力商品」である。その主力商品こそ、お客様への来店動機づけをする。そのためには、主力商品に季節などの要素で品揃えの変化をお客様に感じさせることも有効である。

④店長は「ご用聞き」になれ

店長は、他の従業員に比べて店内にいる時間が長い。お客様にとって、初来店のときから「顔」が見えやすいのだから、愛想よくテーブルを回って挨拶をする。お客様の名前を覚え、店自体や料理の評価を聞いたり、来店してくれた感謝の言葉を伝えれば、お客様は心を開いてくれる。お客様にとって「ご用聞き」のような存在になることが、飲食店店長の大きな仕事なのである。

⑤調理を本当化せよ

料理を、見た目もよい状態で提供できる調理法に変えていただきたい。コストは上がるが、お客様の再来店化によって売上げは伸びるはずだ。

スタンプラリーを実施すると、お客様の来店頻度を確認でき、再来店化をしていただくために何をすべきかの参考になる

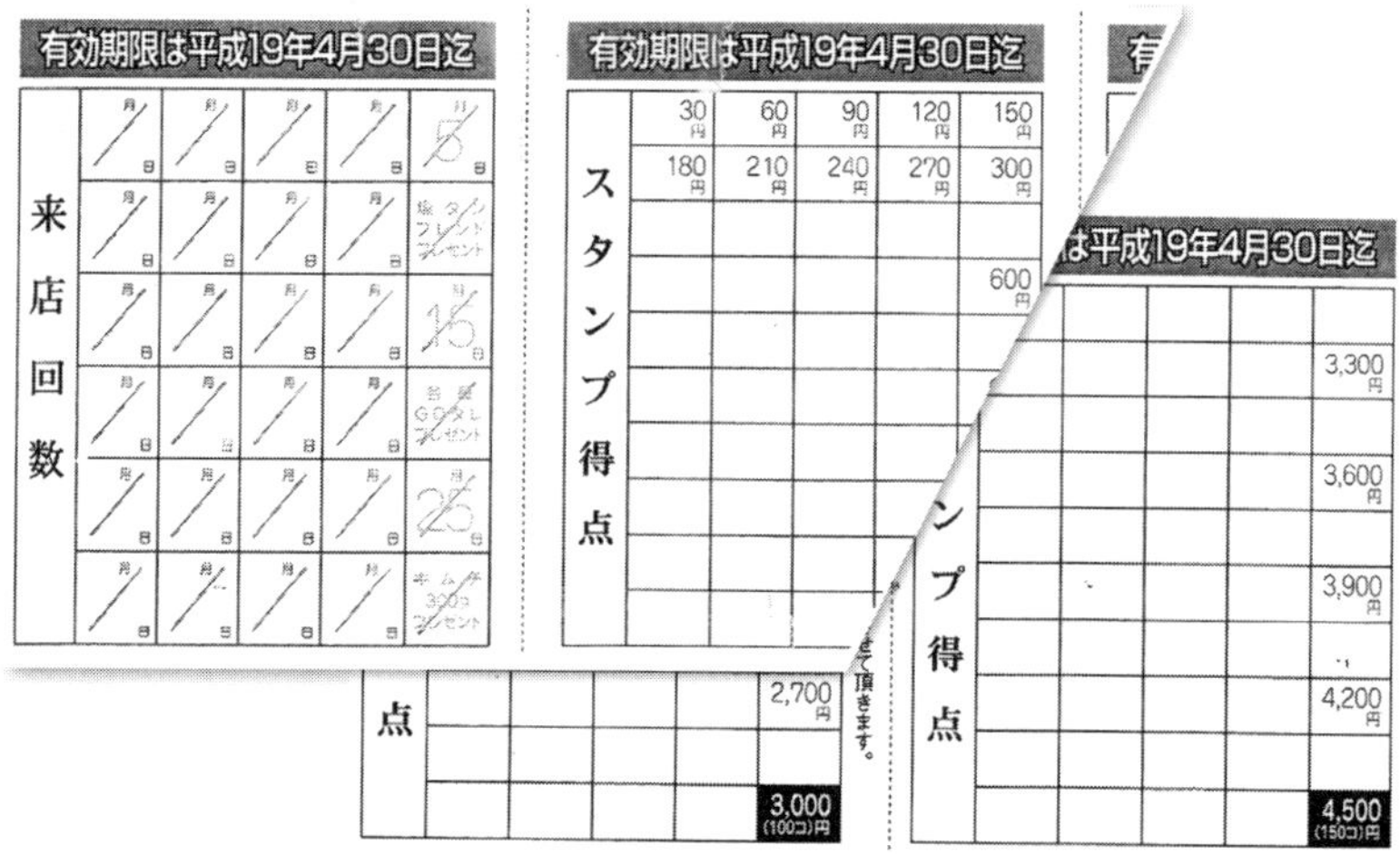

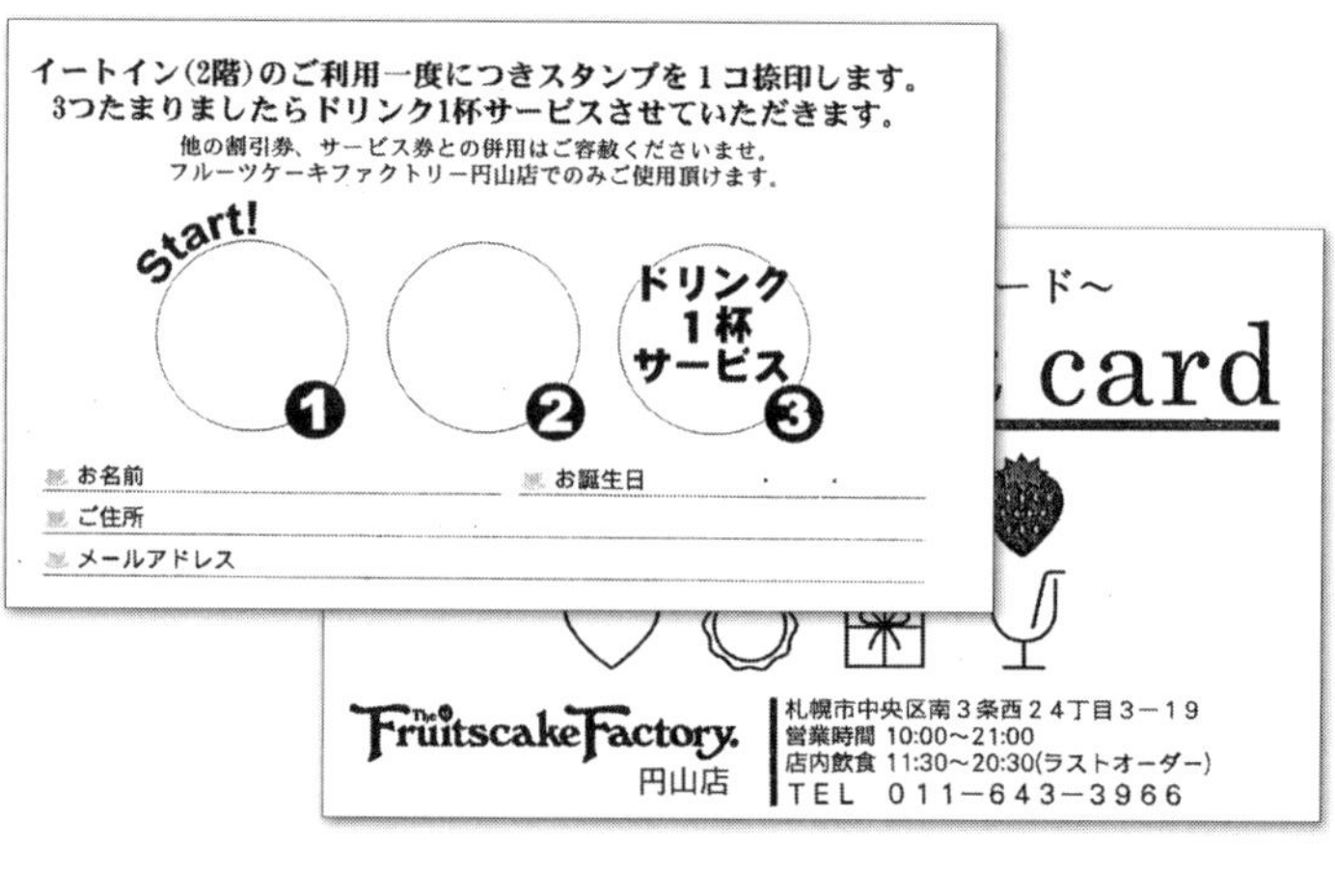

04 作業そのものは利益を作らない

以前、飛行機のパイロットの心がけを書いた本を読んだことがある。飛行機にとって、もっとも大切なことは安全性である。そのため、操縦ではマニュアルを守ることが絶対的な原則となる。

毎回のフライトでは、マニュアルを守ることはもちろん、それぞれのテーマや目標があると言う。

たとえば、平日の羽田発伊丹行きではビジネス客が中心となる。そのため、そのフライトのテーマは定刻を守るか、定刻よりも速く到着することとなる。

一方、土日となると、観光客や家族客が多くなるため、多少の時間はかかっても、揺れないフライトがテーマになる。つまりパイロットは、何を優先すべきかを考えながらテーマを設定し、自分の仕事をこなしているのである。

●マニュアルを超える努力をせよ

『世界最強の社訓』（講談社）では、ＧＥやＩＢＭが危機に陥ったとき、いかに組織を変革して難局を乗り切ったかが描かれている。この本を読んだとき、私はＩＢＭのケースに強い興味を覚えた。

ＩＢＭが経営危機に陥った際、社内は膨大なルールやマニュアルに縛られていた。そのため、お客様は二の次となって、硬直化した組織は機敏に動くことができず、競争力を失い危機に陥ってしまった。

そこで、経営の活性化を図り、創業の原点だった「お客様優先で機敏に対応する」組織に立ち戻るため、さまざまな対策を施していった。それは、膨大なルールやマニュアルを見直すのではなく、優先させるべき仕事を決める「簡単な原理」を作り、それを徹底することだった。それにより、ＩＢＭは経営危機を乗り切ったのである。

ＩＢＭは世界規模の巨大組織だが、小さな飲食店もこの話から学べることは少なくない。

まず、マニュアルという基本の徹底は大切なことだ。しかし、マニュアルやルールの範囲内で仕事をしているとルーティンワーク化して、仕事も組織も硬直化していくことになる。その結果、お客様の満足は得られなくなる。マニュアルを超えなければならないのである。

そのためには、「最優先の基本原則」を作り徹底する。飲食店にとって最優先すべきことは、本書でも繰り返し述べているようにお客様だからだ。

●マニュアルを超えるための三つのポイント

では、飲食店のマニュアルとは何だろうか？　辞書を引いてみるといろいろな意味があるが、「作業の手順などを体系的にまとめた冊子の類」（『大辞泉』）とあった。つまり、マニュアルとは作業マニュアルのことなのだ。

言うまでもなく、作業そのものでお客様を満足させることは難しい。とくに、お客様のヘビーユーザー化が進む今の時代では不可能と言ってもいい。

すなわち、飲食店でマニュアル通りに仕事をしていても、お客様を満足させることができず、利益を得ることもできない、ということである。マニュアルを超え、利益を生むようなサービスをするためには、ＩＢＭのような「最優先の原則」が必要になるが、お客様の視線に立った飲食店には、以下の三つのポイントが肝要だ。

①お客様の要望を聞く

あるトンカツ店で感心したことがある。テーブルに、「ごはんは大盛・ふつう・小盛、みそ汁は赤みそ・白みそ、トンカツは細かくお切りすることもできます……お気兼ねなく、どうぞお気軽にお申しつけください」というメッセージが用意されていた。お客様の要望にきちんと応えているのだ。

このように、お客様の要望に真摯な態度で接することが利益を生む第一歩となる。

②お客様の声に耳を傾ける

ある繁盛店のメニューを見て驚かされた。

メニューブックの新メニューの横に「お客様の要望に応えました！」とあり、実際に寄せられた生の意見が書かれたハガキがそのまま載っていたのだ。

すべての意見に応える必要はないが、そのメニューブックを見て、この店ではきちんとお客様の意見に耳を傾けているのだと感じた。このような姿勢でお客様の意見に応えていくことで、店を機敏な体質へ変えていくことができる。

③お客様を覚える

３章で紹介したアメリカの衣料品店「ミッチェル」では、１００人のお客様の名前と好みを覚えることを最優先にすることを繁盛の基盤としている。あなたの店でも、まず１００人のお客様を覚えることに挑戦していただきたい。

さまざまな形で、お客様のご要望をお聞きする

お客様が、意見を言いやすいようなシステムを作ることが大切

お申しつけ下さい

―お気軽にどうぞ―

一、スープをうすくしてほしい。
二、サラダには、何もかけないでほしい。
三、熱いお茶がほしい。
四、とり皿がほしい。
五、テーブルを、ちゃんとふいてほしい。
六、熱いらーめんがほしい。
七、かたい麺がほしい。
八、ネギをぬいてほしい。
九、お寿司は、ワサビをぬいてほしい。
十、激辛にしてほしい。

―対応します―

郵便はがき

料金受取人払
大阪中央局
承認
2493

差出有効期間
平成18年7月
31日まで

530-8790

803

大阪市北区天神橋２丁目北２番６号
大和南森町ビル　２階

㈱フジオフードシステム

社長室　直行便

お客様のご意見をお聞かせ下さい。

皆様のご意見・ご感想により私共は改善し、今後も努力をしいりたいと思います。アンケートにお応えいただいたお客様には抽選で毎月30名様にお食事券をプレゼントさせていただきます。
お帰りの際、アンケート箱にお入れください。

1. 当店へのクレームをお聞かせ下さい。

2. 本日の感動をお聞かせ下さい。

3. またご来店いただけますか？
A．ぜひ来たい　B．また来てもいい　C．どちらとも言えない
D．あまり来たくない　E．もう来たくない

4. 本日のご来店日時・店舗
年　月　日　時頃（　名様）
店舗名　（　店）

ご協力有り難うございました。

お名前　生年月日　年　月　日
お電話（　）　-
ご住所（〒　-　）

05

調理カテゴリー予算を作って〝小さく〟考えよ

もうかなり前の話になるが、『サム・ウォルトン――シアーズを抜き去ったウォルマートの創業者』（NTT出版）という本を読んだ。世界最大の小売業「ウォルマート」の創業者、サム・ウォルトンの半生を描いた本で、彼の「成功の法則」も紹介されていた。

その中に「小さく考えよ」とあるのを読んで、私はどきっとした。「小さく考えよ」というのは、たとえば売上げに関しても、全体売上げとしてとらえるのではなく、売上げのカテゴリーを小さくして予算を作っていくことで、売上目標達成のための具体策が見えてくるということだった。

私がどきっとしたのは、飲食店の売上げを考えるとき、大きくとらえすぎていたかもしれない、と気づかされたからである。

●「小さく考える」ことで見えてくるものがある

当時の私は、カテゴリー分けでも、せいぜい料理、ドリンクを別にする程度だった。現在でも、同じような視点で売上げをとらえている飲食店は少なくないが、全体として大きくとらえているため、メニューブックを変更しても、前回と大差のないものしかできないのだ。

逆に、細かいカテゴリーごとに「小さく考える」ことで具体的な対策が見つかり、成功の要因も見えやすくなる。だからこそ、少なくとも調理カテゴリーごとに売上げを分類して集計、管理していただきたい。

予算も、調理カテゴリーごとに作る必要がある。前年の調理カテゴリー売上げを算出して予算を作るのだ。

月商1000万円なら、対前年比10％アップの予算を組んだとき、全体売上げの把握なら1000万円を1100万円にするためにはどうするか、と考える。

しかし、調理カテゴリー別なら、強化して伸ばすべき調理カテゴリーや作業を優先させるための具体策を考えるだろう。「主力商品」の売上アップが全体売上げを伸ばす原動力になるのだから、そのカテゴリー予算も思い切った額を考えなければならない。そうなると人件費も……というように、「小さく考える」ことで、店の具体的な経営方針を決めることができ、売上げと収益アップの道へつながっていくのである。

売上げも、全体ではなく「小さく」見ていくことが大切

下のようなシートで、カテゴリー別売上げ（部門別構成比）を把握し、
前年比の管理分析や予算づくりに活用する

＿＿＿＿＿＿店　部門別構成比　前年対比表

H.　年　月			H. 18 年 7 月		
グループ	金額	構成比	グループ	金額	構成比
ドリンク		%	ドリンク	4 552 038	19.8%
デザート		%	デザート	429 638	1.9%
惣菜		%	惣菜	296 524	1.3%
つくり		%	つくり	3 582 824	15.6%
寿司		%	寿司	4 494 386	19.5%
炉端		%	炉端	2 986 314	13.0%
揚物		%	揚物	2 016 667	8.8%
天ぷら		%	天ぷら	919 562	4.0%
グリル		%	グリル	2 592 200	11.2%
その他		%	その他	291 486	1.3%
宴会		%	宴会	851 190	3.7%
売上		%	売上	23 012 829	100%

		前年対比	
客数	人	9,329 人	%
客単価	円	2,419円（宴別価 2,467円）	%
アルコール比率	%	アルコール比率	16.1 %

06 「ありがとう」「感謝します」の現場体質を作れ

最近、歯科医院に治療に行くといつもいい気分にさせられる。その歯科医院は、院長から受付スタッフまで全員、人柄がすばらしいのだ。親身な治療もうれしいが、満面の笑みでいつも私を迎えてくれて話題も豊富で、治療に通うたびに心まで癒していただいている。

この歯科医院らしいと言える、「ありがとうございますセミナー」という催しが年に1回ある。セミナーの講師を務めるのは五日市剛さんという方だ。

『ツキを呼ぶ魔法の言葉』という小冊子をご存じだろうか？　五日市氏が書かれたもので、市販はされていないのに、口コミだけで95万部以上も売れたという隠れたベストセラーである。現在は、書店で流通している著書もあるが、興味のある方はぜひ一読していただきたい（「とやの健康ビレッジ」http://toyano.jp/）。

本書では詳しく説明できないが、旅先で出会ったおばあさんから教えてもらった「ありがとう」「感謝します」「ツイてる！」という三つの魔法の言葉を唱えれば、ツキを呼べるというものである。

私も「ありがとうございますセミナー」に参加したのだが、五日市氏の話を聞いて、歯科医院の人たちの人柄のすばらしさは、「ありがとう」「感謝します」「ツイてる！」を実践していることにあるのだと感じた。

●「ありがとう」「感謝します」の大切さ

考えてみれば、飲食業という仕事の現場は、お客様から選ばれることで商売が始まる。

つまり、「ありがとう」「感謝します」「ツイてる！」と、日々感じられるような業種と言えないだろうか？

また、心からお客様に「ありがとう」「感謝します」「ツイてる！」という気持ちを持つことを店の体質とすれば……お客様の満足度は高まっていくに違いない。

そのような体質にするためには、具体的な行動指針も必要である。そのためには、店長自身が動くことが大切だ。①追加注文のおすすめ、②お客様の名前を呼ぶ、③メニューの評価を聞く、④お見送りをする、を実行しながら、店全体を三つの「魔法の言葉」体質に変えていって、ぜひともツキを呼び込んでいただきたい。

「ありがとう」「感謝します」の気持ちが大切

私が所属する「骨太経営グループ」の事務所には、ある繁盛店経営者の「感謝します」の書と、その繁盛店のお見送りする写真が掲示されている。そして、来客していただいた方には、エレベーター前でのお見送りを徹底している

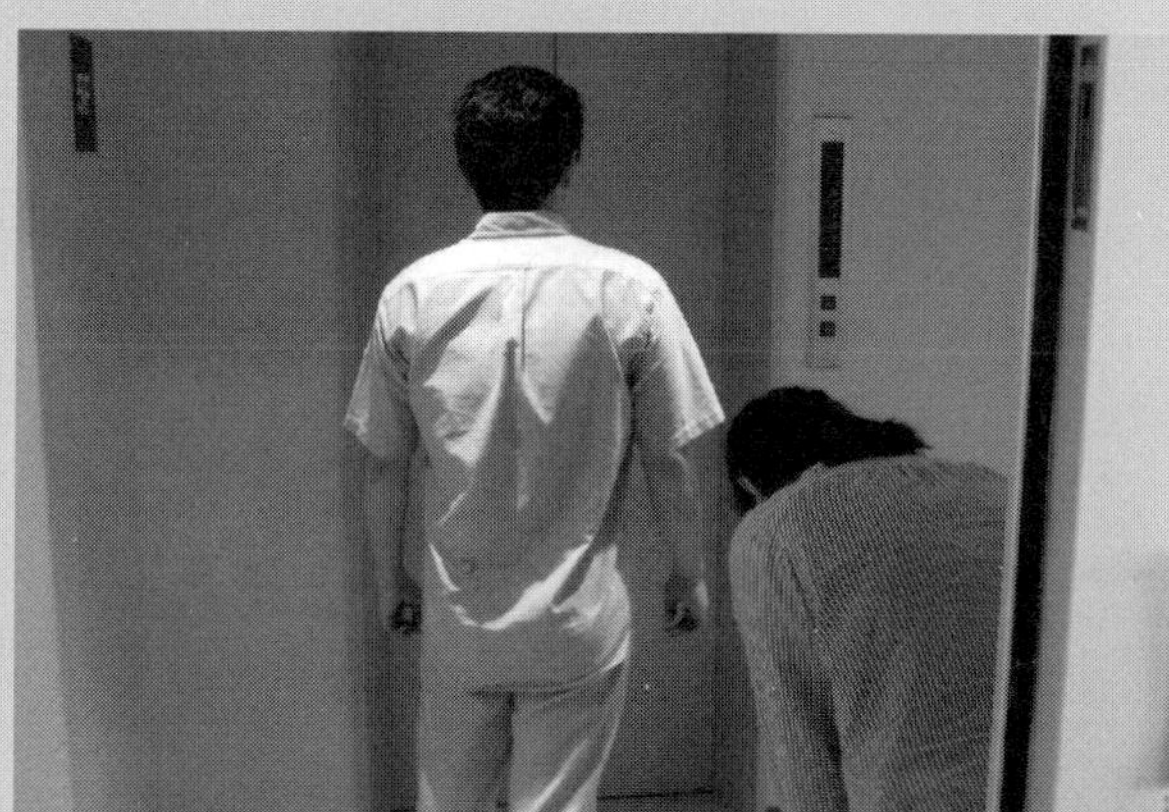

【骨太繁盛法則（10）】

繁盛店体質を身につけよう！

01 今日の成功から明日の陳腐化は始まる

4～5年ほど前から、飲食業の成功の枠組みが大きく変化してきている。その変化に対応できなければ、いくら繁盛していても、やがてその勢いはなくなってしまう。

●変化に対応しなければ企業は生き残れない

親しくさせていただいている経営者の1人に、東海地方で「ブロンコビリー」というレストランチェーンを展開している竹市社長という方がいる。

この竹市社長は、経営幹部に「今日の成功から明日の陳腐化が始まる」と、いつも口を酸っぱくして言っている。変化に機敏に対応できる飲食店しか生き残れない、という意味である。

「ブロンコビリー」は、数年前のＢＳＥ問題によって大きな赤字を体験したが、現在では非常に健全な骨太経営を実践している。6章で紹介したステーキとハンバーグの専門店レストランチェーンとは、実はこの「ブロンコビリー」のことなのだが、そのときの経験が、変化に対応した成長を続けなければ企業は生き残れないという信念を築き上げたのだろう。

●飲食店の成功の枠組みが変わった

企業の成長は、成長している新しいマーケットの中に入らなければ難しい。そして、成長しているマーケットに入るためには、そのマーケットに必要な「新しい成功の枠組み」に集中することが必要である。

それによって、1～2年で急成長できると、あなたの店にも劇的な変化が起こり得ると考えている。

そして、その「新しい成功の枠組み」のポイントは、「属性の一番化」ということだ。これまでは、「単品一番化」ということで、自店に「一番商品」を作り、それを徹底的に売って出数を伸ばすことで全体売上げを伸ばすという手法が一般的だった。

しかし、現在はその手法では壁に突き当たることになる。「属性の一番化」という切り口が必要になっているのだ。単品で「一番商品」ではなく、店のすべての全部の商品、店づくりそのものによって、その店の強みや特徴でお客様の本能を刺激することが「属性の一番化」だ。このことこそ、新しい成功の枠組みとなるのである。

札幌のとんかつ店・玉藤

大きな銅鍋による職人による手揚げに店の「強み」を集中、「属性の一番化」を図っている

02

経営者は「値づけ」を最優先せよ

京セラ創業者の稲盛和夫氏に、『稲盛和夫の実学―経営と会計』（日本経済新聞社）という著書がある。稲盛氏が「経営のための会計学」を、実学で体得したことを説き明かす名著だが、この本を読んでいて、私はある一節に非常に強い感銘を受けた。

それは、「値づけは経営者の仕事」である。稲盛氏は、経常利益率20％超という健全な骨太経営を説かれている。そして、その基本は「値づけ」にあると言うのだ。

●お客様のロイヤリティは高い値づけで作られる

たしかにその通りなのである。値づけが経営内容のすべてを決定する面があるからだ。

私は、かつて在籍していた船井総合研究所で経営コンサルタントという天職に出会い、21年間働いてきた。

私の在籍当時、船井総合研究所にはコンサルタント業務に就いている所員が500人近くいた。当然、売れるコンサルタントと売れないコンサルタントに分かれるのだが、売れていればコンサルタント料金は高い値づけとなり、売れていなければ低い値づけとなっていた。

船井総合研究所の社風は、仕事は与えられるものではなく、自らがチャンスをものにして仕事を獲得するということが基本になっていた。そのため、売れないコンサルタントは、コンサルタント料金で自分を売り込もうとする。しかし、いくらコンサルタント料金を安くしたところで、お客様の発注は増えることはなかった。

トップコンサルタントはその逆である。コンサルタント料金が高いにもかかわらず、仕事の引き合いは絶えることがなかった。

また、発注を受けるのも、前向きに仕事をしているお客様が圧倒的に多かった。自然、コンサルティングも長期にわたり、強い信頼を勝ち得ていくことができた。いわゆる勝ち組、負け組に峻別されていったのである。

そして、トップコンサルタントはお客様のロイヤリティを維持するために必死になり、繁盛店を数多く視察しては細かく分析して成功原則を見出そうとしていた。その結果、高いコンサル料金を守り続けることもできていた。

いい表現ではないかもしれないが、「お客様のロイヤリティは高い値づけで作られる」という現実があった。
また、そのような視点に立ったほうが、必死の努力、工夫、改善を生み出せるのではないだろうか。
そして、それは飲食店経営にとっても同じ、と私は考えている。

●原価率と集客力は比例しない

10年ほど前、ある化粧品販売会社の女性経営者から、飲食業に進出したいと言われ、そのお手伝いをしたことがある。だが、その女性経営者はどんな業種にするかを決めかねていたようだったため、まずはアメリカの繁盛レストラン視察ツアーに参加していただくことにした。

短期間に数多くの繁盛レストランを視察することで、何かのヒントをつかめるのではないかと考えたからだ。

そしてこのツアーで、彼女は1章で紹介したイタリアン・レストランチェーン「マカロニグリル」に出会い、このレストランをモデル店にしたレストランの店舗開発をすることが決まった。

当時は、日本ではまだ珍しかった完全なオープンキッチンをはじめ、お客様をエキサイティングな気持ちにさせるレストランを目指したのである。

そして、店舗開発は比較的順調に進んでいったが、メニューの値づけに時間がかかった。

数多くのイタリアンレストランの繁盛店、地元のレストランを分析し、値づけと原価率を提案したのだが、その女性経営者はその提案に納得しなかったのだ。

立地が郊外であることを考え、私は原価率30％を提案したのだが、彼女はどうしても25％にしたいと言う。

一般的なレストランから考えると、かなり低目の原価率となる。しかし、その数字に挑戦することも正しい選択かもしれないと思い直した。

そして、原価率を下げるためのさまざまな工夫を考え、数多くの提案をしていった。

しばらくして、レストランは開店した。日本ではまだ珍しかったスタイルのこのレストランは、たちまち年間売上げ2億5千万円を超える繁盛店になった。

しかも、開店当初の原価率は23％！　一般店からすると、考えられないほどの数字である。もちろん、経営効率は非常に高い店となった。原価率と集客力は必ずしも、比例しないのだ。高原価率が高い集客力を呼ぶという常識は、当時にして終わっていたということである。

神奈川県小田原市に本店があるイタリアン・レストランチェーン「マカロニマーケット」では原価低下追求しながら、お客様への基本サービスも忘れない

お客様の誕生日をお祝いする

お客様の目の前で生ハムを切る

03 成果を上げることに集中せよ

お客様の成熟化が急速に進む飲食業界では、大幅な売上減少に追い込まれている店も少なくない。ただ、いくら懸命な努力をしても、成果を上げることができなければ意味はない。そこで、どうすれば成果を上げることができるかを考えなければならない。

●今こそアナログに注目せよ

そのためには、経営の焦点を飲食マーケットの変化に明確に合わせ、店独自の「強み」を加えることによって、このピンチを大きなチャンスに変えることができるのだ。これからの成功のキーワードは、「アナログ化の視点」にある。

日本の飲食業界では、デジタル化が急速に進んでいる。オーダーエントリー、インカム、ベルスターなどがその代表例だ。しかし、日本の飲食マーケットを先行していると言われる欧米の飲食マーケットでは、逆にアナログが強化されている。

また、最近の日本の繁盛店でも、「アナログ化の視点」で、アナログを強化している事例を数多く見かける。

たとえば、東京を中心に展開している老舗ハンバーグチェーンは手書きの伝票を使っていて、パントリーがパソコンにオーダーを入れている。

その姿を見ながら、「あたたかみ」を作るのはデジタルではなく、アナログ的なものではないだろうかと感じた。そして、これからはアナログ化によって、さまざまな成果を上げられるとも思った。

「アナログ化の視点」には、次の四つの重点ポイントがある。

①手書き伝票…お客様の目の前では手書き伝票に記入。記入する順番をルール化しておけば、料理を提供する際、「○○はどちら様ですか」と聞かなくてもすむ。

②ダウンサービス…お客様の視線より低い姿勢で注文を聞く。お客様を大切にした姿勢が好印象を与える。

③目の前での実演…テーブルのすぐ横で、従業員が料理の仕上げをする。サラダにチーズをかけたりハンバーグを切るなど、人間が行なうことで、「アナログ化の視点」の大切な要素である手づくり感が強調される。

④本来的調理…揚げ物は、オートフライヤーでなく銅鍋で。ごはんは自動炊飯ではなくかまどで炊く。ガス火より、備長炭という本来的調理の店が注目されている。しかも、機械任せではなく、手づくりに変えたほうが技術力やロイヤリティが高まる。本来的調理はオープンキッチンによる実演でシズル感も強まる。

これらの「アナログの視点」を大切にすることで、成果を上げることができる。これからの「時流」に乗ることも可能になるだろう。

●成果を上げるための10の経営視点

経営は、成果が上がることを見出し、それに集中させることが大切である。とくに、飲食業界は比較的速く、成果が上がっていく。どこに集中させていくか、がとくに大切である。そして、成果を上げるために必要なのは、次の10の経営視点である。

①リーダーシップとは、持って生まれた個人の資質によって決定される。そして、マネージメントとは、部下一人ひとりの長所を見つけ、それを伸ばすことである。

②自店の「強み」を絞り込んで、明確にしていかなければ売上げは伸びない。「強み」を明確にして一番化することが、マーケティングの基本原則となる。

③「流行」を追いかけると収益が悪化し、「時流」に適合すると収益は高まる。「流行」は3年程度のスパンで変わっていき、時流は年を経るごとに深まっていく。

④既存店の「時流適合化」こそ大切。そのためには店、商品、サービスのリニューアルを定期的に実施していくことが必要。そのことで、経営効率も高められる。

⑤売上アップは、主力商品カテゴリー売上げの対前年比伸び率で決まる。主力商品カテゴリー売上げを伸ばすためには、主力商品フェアを数多く実施するべきである。

⑥ゴール目標、最優先テーマは経営者自身が決めて、その取り組み方法は営業責任者と現場責任者が考える。

⑦人は評価では動きにくい。また、上司からの指示・命令だけでは、生産性の高い仕事はできない。

⑧利益率は、調理カテゴリーを減らすことと主力商品カテゴリーの売上げで8割が決まっていく。

⑨接客など、お客様に近い仕事に優秀な人を配置する。レジ、ドリンク係などに優秀な人を配置すると、利益率は悪くなる。

⑩最優先事項は、「経営理念」と「時流適合」で決めなければならない。

以上の視点で、成果が上がる方向に集中してほしい。

アナログの視点

お客様の視線より低い姿勢で注文を聞く「ダウンサービス」

ごはんをかまどで炊く本来的調理

04 「強み」も、いつかは壁にぶつかる

ある飲食企業で、開発の仕事をさせていただいたことがある。120坪という大型店で立地は郊外。寿司と刺身を主力とした居酒屋である。この会社は、開店寿司店を経営しており、海鮮メニューに「強み」を持っていた。

その店は、開店するや繁盛し、年間売上げ約3億円を達成したのだから、大成功と言っていい。

その店が開店して3年ほど経ったとき、その会社から経営相談を受けた。売上げが落ちていると言うのだ。

とくに、「主力商品」の刺身や寿司の売れ行き不調が続いていたのだが、その会社でメニューを見せてもらって私は唖然とした。開店のとき、刺身は480～880円の価格幅で品揃えし、売れ筋価格は680円だった。ところが現状のメニューを見ると、280～480円の価格帯の品揃えで、売れ筋価格も380円と大きく下げていた。当時、ディスカウンター的刺身居酒屋が急成長していたため、品揃えを低価格に変えたと言う。

自店の「強み」が壁にぶつかったのだろう。そして自信をなくし、「強み」を消す対策をとってしまったのである。刺身は、低価格にしたため量は以前の半分になり、見た目が貧弱になってしまった。

もうひとつの「店の顔」だった寿司も、他に色とりどりな食事メニューが品揃えされ、その中の一品くらいの位置に格落ちした印象を受けた。

私は、開店のときの品揃えや価格に戻し、さらに新しい「強み」をつけるやり方を提案した。具体的には、これまで本書で述べてきたようなやり方である。

しかしその後、その会社からの連絡はなかった。

4～5年後、知り合いの経営者の方から、その店の話を聞いた。入口にあった活き魚用の生け簀は取り除かれ、メニューはエスニックなものに変わっていたらしい。お客様はほとんどいなかったと聞いた。「強み」も壁にぶつかることがある。しかし、その対応を間違えると、繁盛も水泡に帰すことになる。

もちろん、社会情勢や「時流」の変化に対応することは必要だ。しかし、まず自店の「強み」を変化に対応させることを考えることが基本となるのである。

第4法則　「強み」も、いつかは壁にぶつかる

内装に使い込まれた木材が使われているため、エージング化された、なごみ感がある店内が「強み」となっている

厨房で、プロの職人風に何人も調理人が働いている。
本格手づくりの雰囲気が「強み」になっている

05 お客様を「借りる」ことはできない

関東のある飲食会社では、焼肉店をチェーン展開している。その会社の焼肉店は、60坪程度の店舗面積で年商3億円は下らないというほど、どこも大繁盛している。

そこで以前、その会社の経営者に成功への過程をじっくりと聞いてみたことがある。

その経営者の話はたいへん興味深いものだった。創業当時、店のすぐ近くに「すかいらーく」ができた。

「すかいらーく」が急成長を遂げ始めた頃で、集客力もかなりのものだった。店の近くの「すかいらーく」が開店した日は、行列ができたほどだった。その結果、社長の店には1人もお客様がいなくなってしまった。そこで、「行列で割引券を配ったらどうだろうか」と経営者は提案した。ところが、店長はこう即答したと言う。

「社長、お客様は借りられませんよ」

その経営者は、その言葉に衝撃を受けた。

たとえいくら困ったとしても、お客様を借りることはできない。行列しているお客様は「すかいらーく」の「強み」に惹かれている方々だ。ところが、自分たちの店はまったく違う「強み」を持って開業したはずである。その原点を忘れてはならないという強い覚悟を持ったのである。

その会社の事務所の壁一面には、「主力商品」であるカルビの「売れ数グラフ」が、何年間にもわたって継続して記入されていた。

そのグラフをよく見ると、売れ数が下がったときには赤色で丸印がつけられ、その対策が書き込まれていた。創業のときのその思いが成功の原点になっている、とその経営者は静かに語った。

繁盛とは、執念によってでも実現するものだと感じた。執念を持って、耐え抜いていくことが大切なのだ。

そのためには、しぶとく生き残るための戦略が必要となる。そして、生き残っていくためには、ここまで述べてきたように、①基本に忠実に、②常にお客様へのお値打ちの提供を優先させ、③お客様をより深く知る努力をして、④「時流」や「世間」を知り、それに対応していくという四つのポイントを肝に銘じることが必要だ。

第5法則　お客様を「借りる」ことはできない

アメリカ繁盛店視察ツアーでも、「お客様は借りることができない」ことを肝に銘じ、繁盛のコツを学ぶようにしている

06

「集中」と「効率」が繁盛店体質の基本

アメリカに、サウスウエスト航空という航空会社がある。客席すべてがエコノミークラスで、電子チケットのみの発券など、徹底したコスト削減策によって格安の航空運賃を実現したユニークな経営で知られる。その詳細は『破天荒!―サウスウエスト航空 驚愕の経営』（日経BP社）、『社員第一、顧客第二主義―サウスウエスト航空の奇跡』（毎日新聞社）に書かれているが、私も何回かこの航空会社を利用したことがある。

●「集中」と「効率」の追求を考えよ

たとえば、サウスウエスト航空は、保有する航空機をボーイング737シリーズに統一。そのため、パイロットも整備士もその技術は熟練化する。航空会社の使命は安全最優先だが、このことが功を奏して、この会社は創業以来、乗客の死亡事故は一度も発生していない。

そして、この航空会社では、1時間から2時間の短距離フライトしか行なわないため、航空機1機材当たり1日平均の飛行回数は約7回で、他社の2倍を超えている。徹底的に「集中」を追求しているのである。

また、この会社には指定席はなく、定員制をとっている。到着した順に、3～4名程度にグループ分けした色別のカードが手渡される。そのカードごとに飛行機に搭乗し、自分の好きな席に座ることになる。座席指定にコンピュータを使っていないのだ。そのシステムの負担分を、電子チケット発券に充てているのである。また、大都市の空港でも、あえて小さな空港を使う。これは、空港使用料が安く発着便数が少ないため、運行回数が増やせるからだ。「効率」も徹底的に追求しているのである。

そして、アメリカのほとんどの航空会社が赤字に喘ぐ中、この会社は、経営利益率7%という高い数値を叩き出している。しかも、従業員年収は他社の1・7倍と言われている。

無事故で定時離発着、しかも航空運賃が格安だから、お客様の満足はさらに高いものになる。「集中」と「効率」は、飲食店経営に応用しても繁盛店体質の基本となるだろう。その具体的な方法は…本書でこれまで述べてきたことを参考に、あなた自身で考えていただきたい。

サウスウエスト航空が保有するボーイング７３７シリーズの機体に描かれているハートマーク。社章にもハートマークが入っている

サウスウエスト航空の専用飛行場には、時間待ちをする子供たちが遊ぶ施設もある

飲食店が骨太な経営をしていくために必要なこととは?

「数」から「質」へ発想を転換させることこそ、変化の激しい飲食マーケットに対応した飲食店の「経営の原則」だと私は考えている。

新しい飲食マーケットに、大手飲食企業はうまく対応できないように私には思われる。

客層や立地が異なるにもかかわらず店舗を同一基準化し、セントラルキッチンなどによって調理を簡略化した、いわゆる「パッケージ化」によって経営効率を上げるという大手企業の手法は、もはや陳腐化しているからだ。

かつて吉野家は、「うまい・やすい・早い」のキャッチフレーズで急成長を遂げたが、結局、素晴らしく効率のいい牛丼の単品営業を持続することはできなかった。

その理由はもちろん、BSE問題による米国産牛肉の輸入停止にあったのだが、そうでなくても遅かれ早かれ、飲食マーケットの変化によって単品営業は続けられなかっただろう、と私は考えている。

飲食業界は、ことほどさように大きな曲り角を迎えているわけだが、新しいマーケットに正しい視点を向けて対応していくには、どうしたらいいのだろうか?

その答えは、冒頭に述べた「量」から「質」への転換に他ならない。

そして、できる限り「質」を高めていくことである。

そのためのポイントは五つある。

これまで繰り返し述べてきたことも含めて、改めて整理して掲げることを本書の掉尾としたい。

①お客様の「心」へ訴えよ！

価格が安ければ商品は売れる、というわけではない。同じように、質さえよければ売れるわけでもない。しかし、「安くて質がよければ売れる」ということは、多くの経営者にとって固定観念のようになっている。このことを、まず否定して考えていただきたい。

商品の売上げが落ちていく原因は、価格競争力がなくなったわけでも品質が悪くなったことでもない。原因は、その商品がお客様が求めているものではなくなってしまったからだ。それは、お客様の価値観そのものが変わってしまったためかもしれない。その要因を追求して、今のお客様が求めている「新しい魅力づけ」を考えていただきたい。それが、質を高めるということである。

②「攻めの姿勢」を持ち続けよ！

売上げを伸ばすために商品の品数を増やしていくと、しだいに店の「顔」はあいまいになっていく。また、業種・業態を広げても同様である。その結果、利益率を悪化させてしまうことになる。「攻めの姿勢」とは、そういうこととは本質的なところで異なる。本来、現在の商品やサービス、内装や調理器具、調理方法など、店の現在の価値を見直し、新しい価値づくりをすることを言うのである。

③「二番煎じ」はするな！

繁盛店のメニューをいくら真似ても売れ筋メニューを採り入れても、もはや「結果」が得られる時代ではなくなった。お客様は、「一番店」こそ最高、最良だと思っている。いつまでも物真似や二番煎じをしているようでは、三流店という評価を下されてしまう。他店の真似をする、同質化させるのではなく、他店を参考にして、本質的なところでの質を向上させる

④オンリーワンの独自路線を目指せ！

「主力商品」の「強み」をお客様にうまく説明できなければ、お客様は店から離れていく。うまく説明するためには、その商品が本当の意味で「主力」であり、本当の「強み」を持っていなければならない。なぜ主力になっているのか、借りものではない「強み」を本当に持っているのか？　まず、そこから考えていただきたい。すると、自ずと見えてくるものがあるはずだ。「主力商品」、「強み」――この二つがその店のオリジナルだと、お客様に感じさせるものが必要なのだ。それが質であり、その質を高めることを考えていただきたい。店独自でオンリーワンの「主力」性、「強み」を持つことができれば素晴らしい。新しいマーケットを、いち早くつかむ可能性が高くなるからである。

⑤すべての人を狙うな！

若いお客様が少ないから、若い人向けのメニューが必要だ。女性が少ないから、女性が好みそうなメニュー開発を優先しよう……このように、飲食店の現場ではさまざまな意見が飛び交っている。しかし、そんなことにいちいち対応していけば、店の「顔」があいまいになってしまうだけである。今いないお客様のためにメニューを考えるよりも、目の前にいるお客様により満足していただける、より楽しんでいただけるメニューを考えるべきである。

それがメニューの質を高めることに他ならない。そしてその結果、その店が弱かった客層に強く訴求できるメニューになることも少なくない。老若男女、すべてのお客様のことを考えるより、自店の現在のお客様のことを考えるべきである。総花的ではなく、何かに特化させて質を高めることが、新しいマーケットに対応する正しい方法論なのだ。

感謝のお礼返し！

数ある本の中からこの本と出会って頂いたことは、
当たり前のことではありません。
感謝のお礼返しとして、

著者 **高木 雅致**（たかぎ まさかず）の **講演CD（90分）**

『繁盛の智恵と原則』 を

無料進呈 します

このページをコピーし、そのまま FAX してください

FAX 申し込み用紙

FAX　06-6889-3570
㈱タカギフードコンサルティング　タカギ行

会社名	住所　〒	
ご氏名	お役職	TEL
		FAX
店舗数 店	業態（○で囲んでください） 居酒屋　寿司店　焼肉店　ラーメン　そば・うどん イタリアン　　他（　　　　　　　　　　　　　）	

Q1	高木の講習会・セミナーに関する資料を希望しますか？	希望する	希望しない
Q2	高木の個別経営相談を希望しますか？	希望する	希望しない
Q3	高木に質問したい内容をご記入下さい		
Q4	ケイタイ電話によるメール販促の資料を希望しますか？	希望する	希望しない

著者略歴

高木　雅致（たかぎ　まさかず）
骨太経営グループ　㈱タカギフードコンサルティング代表取締役
経営コンサルタント
大学卒業後、大手飲食企業に入社。1983年、船井総合研究所に入社。21年間の飲食業繁盛店づくりのための経営コンサルティングに携わり、2005年より飲食業の繁盛ノウハウに特化したコンサルティング活動を実践するため、㈱タカギフードコンサルティングを設立。新しい視点からの繁盛店化マーケティングを構築。その手法を応用し、繁盛店づくりに数多くの成功事例を持つ。現在、飲食業繁盛店研究会（経営者の繁盛店づくりの勉強会）、タカギレストランネットワーク（月1回の情報レポート：現在約200社）、アメリカレストラン一番化視察セミナー（毎年6月･11月）、飲食業繁盛店セミナー（年2回、毎年4月、10月開催）などを主宰し、具体的成功事例を発表している。
モットーは、「飲食業界に育ててもらっているから、飲食業界におかえしをする」
著書として『図解　はじめよう！　小さな居酒屋』、『飲食店店長！　儲けはあなたが決め手です』（ともに同文舘出版）がある。
※高木コンサル日記Blogもぜひご覧ください！　http://blog.livedoor.jp/tfcblog/
・骨太経営グループ
㈱タカギフードコンサルティング　　㈱シズル
㈱日本アシストプラン　　㈱木下フードクリエイト
骨太経営グループは、以下の使命を共有したコンサルティング会社の集合体です。
①繁盛体質化ー利益率15%以上を実現します。
②衆知結集化ー働く個々のやりがいを高め、稼ぐ集団を実現します。
③トップブランド化ー強みを活かし、既存店の成長を実現します。

■お問い合わせ先
〒532-0011　大阪市淀川区西中島1-14-17 アルバート新大阪ビル
TEL:06-6889-3560　FAX:06-6889-3570
E-mail:info@takagifood.co.jp
URL：http://www.takagifood.co.jp
飲食店をはじめようとお考えの方、集客が伸びずにお困りの方など、
経営相談、店長教育、講演等、お気軽にお問い合わせ・ご相談ください。

「大」に勝つ！　小さな飲食店10の繁盛法則

平成20年2月26日　初版発行

著　者――高木雅致

発行者――中島治久

発行所――同文舘出版株式会社
東京都千代田区神田神保町1-41　〒101-0051
電話　営業03（3294）1801　編集03（3294）1803
振替00100-8-42935

 ISBN978-4-495-57851-0
印刷／製本：三美印刷　Printed in Japan 2008